"十四五"时期国家重点出版物出版专项规划项目·重大出版工程规划
中国工程院重大咨询项目成果文库
秦巴山脉区域绿色循环发展战略研究丛书（第二辑）

秦巴山脉区域绿色循环发展战略研究
（综合卷）

徐德龙 刘 旭 等 著

科学出版社
北 京

内容简介

本书主要就秦巴山脉的绿色循环发展总体战略问题展开研究与论述，主要内容包括秦巴山脉现状及价值认知、相关理论和经验借鉴、山脉-城市共同体概念阐述、秦巴山脉生态环境保护、秦巴山脉国家公园建设、秦岭文化价值展示、绿色产业体系构建、绿色国土空间营建、区域协同机制搭建等方面。关于秦巴山脉绿色循环发展战略的政策性研究是本书的主要特点，关于山脉-城市共同体的理论探究是本书的主要创新点，本书特色在于结合区域国土战略的指向性政策研究，全书数据分析相对充分，相关理论和经验研究具有拓展性。

本书可供区域经济、国土战略、人文地理、空间规划、政策研究等相关领域学者、从业者参阅。

图书在版编目(CIP)数据

秦巴山脉区域绿色循环发展战略研究. 第二辑. 综合卷/徐德龙等著. —北京：科学出版社，2024.3
（中国工程院重大咨询项目成果文库）
"十四五"时期国家重点出版物出版专项规划项目·重大出版工程规划
ISBN 978-7-03-078291-5

Ⅰ.①秦⋯ Ⅱ.①徐⋯ Ⅲ.①绿色经济–区域经济发展–发展战略–研究–中国 Ⅳ.①F127

中国国家版本馆 CIP 数据核字（2024）第 058003 号

责任编辑：徐　倩／责任校对：郝璐璐
责任印制：张　伟／封面设计：无极书装

科学出版社 出版
北京东黄城根北街 16 号
邮政编码：100717
http://www.sciencep.com
北京中科印刷有限公司印刷
科学出版社发行　各地新华书店经销
*
2024 年 3 月第　一　版　开本：720×1000　1/16
2024 年 3 月第一次印刷　印张：9 1/2
字数：200 000
定价：128.00 元
（如有印装质量问题，我社负责调换）

"秦巴山脉区域绿色循环发展战略研究丛书"编委会名单

顾问（按姓氏拼音排序）

何季麟　邱冠周　任南琪　王　浩　王一德　王玉普　徐匡迪
杨志峰　殷瑞钰　周　济　左铁镛

主编

徐德龙　刘　旭

编委会成员（按姓氏拼音排序）

段宝岩　樊代明　傅志寰　侯立安　胡文瑞　金　涌　李　伟
李德仁　李佩成　刘　旭　刘炯天　陆大道　罗平亚　潘云鹤
彭苏萍　钱　锋　钱旭红　邱定蕃　舒德干　宋　健　孙永福
王基铭　王玉忠　吴丰昌　吴良镛　吴志强　谢和平　辛国斌
徐德龙　徐南平　薛群基　尹伟伦　张　炜　张国伟　张军扩
张寿荣　赵宪庚　钟志华

"秦巴山脉区域绿色循环发展战略研究（综合卷）"课题组成员名单

组　　长：徐德龙、刘　旭

执行组长：周庆华

成　　员：雷会霞、牛俊蜻、李　辉、吴左宾、李志刚、叶青峰、闫自全、徐品晶、申　研、杨晓丹、魏书威、薛　颖、祁　航、薛　妍、雷　瑜、高　雅、许紫妍、刘　怀、张智军、张洪安、卢敬民

丛 书 序

秦巴山脉地处我国陆地版图中心，是国家重点生物多样性生态功能区，被誉为中国的中央水库、生态绿肺和生物基因库，是中华民族的重要发祥地和中华文明的摇篮。秦巴山脉及周边城市地区在国家层面具有生态屏障、文化象征、经济平衡、总体安全等多方面的战略价值，是承东启西、连接南北的重要区域。认识秦巴、保护秦巴、振兴秦巴，坚持"绿水青山就是金山银山"，协同做好绿色发展这篇大文章，对于确保国家生态安全，推进高质量创新发展，以中国式现代化实现中华民族伟大复兴，具有重大意义。

2015 年，中国工程院启动了"秦巴山脉区域绿色循环发展战略研究"重大研究与咨询项目，项目成果得到了良好的社会反响，促成了"秦巴论坛"等区域协同平台的设立，出版了"秦巴山脉区域绿色循环发展战略研究"系列丛书。为进一步深化对秦巴山脉区域的生态保护与绿色转型研究，2017 年中国工程院启动了"秦巴山脉区域绿色循环发展战略研究（二期）"重大研究与咨询项目，项目前期由徐德龙院士任组长，后期由我接替组长。项目围绕秦巴山脉生态保护和价值转化、国家公园与自然保护地体系构建、山区快速交通体系、绿色农业发展、绿色林业发展、水资源保护与水经济可持续发展、传统产业转型、新兴产业培育、智慧人居体系建构、区域协同发展等方面提出了战略路径和对策建议。项目提交院士建议 2 份，形成研究报告 12 份，在《光明日报》等报纸和《中国工程科技》等学术期刊发表了项目核心理念文章及各课题相关学术研究成果。2019 年 10 月，项目支撑中国工程院成功举办了"第 302 场中国工程科技论坛——第二届秦巴论坛"。

本丛书是"秦巴山脉区域绿色循环发展战略研究（二期）"重大研究与咨询项目成果的整体凝练，是众多院士和多部门多学科专家教授、企业工程技术人员及政府管理者辛勤劳动和共同努力的结果，在此向他们表示衷心的感谢，特别感谢项目顾问组的指导。

希望本丛书的出版，能够为实现秦巴山脉区域生态保护与高质量发展目标提供借鉴，能够为生态保护相关领域的学者提供参考，能够为新阶段、新征程从事生态环境管理工作的相关人员提供支撑。

前　言

秦巴山脉是秦岭和巴山的合称，也是广义概念上"大秦岭"的主体区域。秦巴山脉横亘于我国陆地版图的中心部位，山脉有中华山、终南山、武当山等名山林立，大熊猫、朱鹮、金丝猴、冷杉等珍稀动植物闻名世界。2020年习近平来陕考察时强调"秦岭和合南北、泽被天下，是我国的中央水塔，是中华民族的祖脉和中华文化的重要象征"[①]。这是对秦岭核心价值的高度概括。截至2015年，秦巴山脉腹地面积约31万平方千米，人口约6100万人，界域涉及河南、湖北、重庆、陕西、四川和甘肃五省一市，周边分布有成都、重庆、西安、武汉、郑州等中西部核心城市。在生态文明和"一带一路"大背景下，秦巴山脉区域（山脉腹地及周边成渝、关中等城市地区，简称秦巴山脉区域）具有突出的生态、文化、区位战略价值，是我国生态安全、国土平衡、文化强国、双向开放与国家总体安全的关键区域。

同时，秦巴山脉则呈现生态高地与经济洼地的明显落差，生态基质受损、山区人口密度过高、城乡发展与生态保护矛盾尖锐、秦岭国际感召力不足等现实问题突出。如何在保护秦巴山脉生态的同时，实现秦巴山脉区域多种国家战略价值，实现绿水青山就是金山银山，探索具有中国特色的生态文明创新途径，十分重要且紧迫。

2014年11月中国工程院立项"秦巴山脉区域绿色循环发展战略研究"重大咨询研究项目，旨在探讨生态敏感区的生态优先、绿色发展道路，为秦巴山脉乃至全国广大贫困山区的绿色发展提供有益经验。2017年中国工程院启动"秦巴山脉区域绿色循环发展战略研究（二期）"重大咨询研究项目，拟在一期研究的基础上，进一步就生态保护、国家公园建设、区域协同等问题进行深化。项目二期共设置一个综合组和生态、国家公园、农林水、产业转型、智慧城乡和区域协同六个课题组，并下设国家公园保护、旅游交通、水资源、农业、林业、装备制造、传统产业转型、新兴产业培育、绿色人居以及移民研究十个专题组，涉及中国环境科学研究院、中国农业科学院、国务院发展研究中心、西安建筑科技大学、清华大学、浙江大学、郑州大学、西北工业大学、中国公路学会等多个研究机构，

[①]《习近平在陕西考察时强调：扎实做好"六稳"工作落实"六保"任务》，https://baijiahao.baidu.com/s?id=1664754943217703522&wfr=spider&for=pc[2024-04-23]。

研究团队涉及 20 余位院士、150 余位专家及百余名研究人员。研究期间，项目以课题组为单位分头赴陕西、四川、湖北、重庆等地开展深入调研，并通过多次专家研讨会，最终形成二期研究报告。项目于 2019 年 10 月在河南南阳举办了"第 302 场中国工程科技论坛——第二届秦巴论坛"，会议共设置四个分论坛，三百余人参加会议，为秦巴山脉区域绿色循环发展提供相关研究成果和宝贵建议。

"秦巴山脉区域绿色循环发展战略研究"秉持复杂性科学相关理论和思想，通过整体与局部的综合和分析融贯方法，避免就秦巴论秦巴，应该把秦巴山脉与外围环秦巴城市地区作为整体研究，探索山脉与城市的相互关系与内在规律，寻求绿水青山就是金山银山的双赢模式。项目通过研究提出了"山脉-城市共同体"的创新理论构想，即通过外围城市地区强发展，带动山脉腹地大保护。项目在一期研究的基础上，进一步就生态资产核算、生态保护路径、生态产品价值实现、国家公园建设方案、自然保护地体系构建等问题进行深入研究；同时，在新的战略格局背景下，整体性深入研究环秦巴城市地区的区域协同思想和路径，并从农林产业、水资源、旅游交通、装备制造、传统产业转型、新兴产业培育、绿色人居等方面进行具体支撑。

秦巴山脉绿色循环发展战略研究综合组课题组
2023 年 6 月

目　录

第一章　回顾与研究重点 ··· 1
第一节　一期成果回顾 ··· 1
第二节　二期研究重点 ··· 6

第二章　区域基础再认知 ··· 11
第一节　地区概况 ··· 11
第二节　价值再认知 ··· 21
第三节　问题再分析 ··· 30

第三章　借鉴与分析 ··· 35
第一节　理论借鉴 ··· 35
第二节　经验启示 ··· 39
第三节　秦巴山脉区域协同发展的必要性与可行性 ····················· 42

第四章　指导思想与定位 ··· 55
第一节　指导思想 ··· 55
第二节　总体定位 ··· 56
第三节　战略目标 ··· 59

第五章　山脉-城市共同体 ··· 61
第一节　秦巴山脉区域内外耦合关系 ··································· 61
第二节　山脉-城市共同体概念与机制 ································· 64
第三节　绿芯组织范式 ··· 71

第六章　战略支撑路径 ··· 73
第一节　生态环境保护 ··· 73
第二节　国家公园建设 ··· 84
第三节　文化价值展示 ·· 100
第四节　绿色产业体系构建 ·· 106
第五节　绿色国土空间营建 ·· 119
第六节　区域协同机制搭建 ·· 127

第七章　政策措施建议 ·· 137

第一章

回顾与研究重点

习近平总书记高度重视生态文明建设，提出了"绿水青山就是金山银山"的科学论断[1]，重要生态敏感区的生态保护和绿色循环发展，则是国家生态文明建设与转型发展中的关键环节。秦巴山脉横亘于我国中部，关联中、西部多个省市，"生态高地与经济洼地"的矛盾突出，其生态保护与绿色发展在维护国家生态安全和高质量发展等方面具有十分重要的地位。

中国工程院于 2014 年底立项开展"秦巴山脉区域绿色循环发展战略研究"重大咨询研究项目。经过 24 位院士、300 余位专家的深入调查研究，形成了秦巴山脉区域绿色循环发展战略研究咨询报告，探讨了生态环境保护与绿色循环发展道路，提出了多项重要的对策建议，对我国秦巴山脉区域乃至广大山区的绿色发展之路进行了探讨。

为进一步深化秦巴山脉区域的绿色循环发展路径研究，在前期研究的基础上，2017 年中国工程院启动了"秦巴山脉区域绿色循环发展战略研究（二期）"重大战略咨询项目。

第一节　一期成果回顾

一、基本情况

秦巴山脉地处我国地理版图中心，是秦岭、巴山的合称。秦巴山脉区域虽由不同行政区域辖制，但从地质学、地理学和社会学等不同学科角度出发，秦岭和巴山均具有高度的内在统一性，是一个整体概念。从地质学角度看，秦岭、巴山是一个山脉体系，均为秦岭造山带（中央造山带）的主体部分；从地理学角度看，秦岭（狭义层面）和巴山分别是广义层面"大秦岭"的主脉和分支。

---

[1] 《〈习近平总书记系列重要讲话读本〉八、绿水青山就是金山银山——关于大力推进生态文明建设》，http://theory.people.com.cn/n/2014/0711/c40531-25267092.html[2014-07-11]。

"秦巴山脉区域绿色循环发展战略研究（一期）"项目以秦巴山脉涉及的五省一市为研究对象，设置一个项目综合组，绿色交通体系、绿色农林畜药发展、绿色城乡建设、文化旅游发展、绿色工业与信息化发展、矿产资源合理利用、水资源保护利用、政策体系研究共八个专项课题组，以及河南、湖北、重庆、陕西、四川、甘肃六个省市地方组。通过跨地域、跨领域的研究体系搭建，探索秦巴山脉区域的绿色循环发展路径。

项目自2015年2月启动，历时两年。在项目调研阶段，由徐德龙院士亲自带队，先后赴陕西、湖北、河南、甘肃、四川、重庆五省一市开展实地调研和座谈，深入了解片区社会经济发展动态和实情。在调查研究的基础上，项目组多次召开研讨会、阶段性工作会议，进行广泛研讨，其中大型会议共14次。项目于2016年9月在西安举办了"第231场中国工程科技论坛——秦巴论坛"，400余人参加会议，相关省市和部委领导与各领域院士专家汇聚一堂，为秦巴山脉区域绿色循环发展建言献策。

项目高度重视研究咨询团队的构建，一方面充分吸纳院士研究团队及来自高校、研究院所、政府、企业、行业协会、学会等各方面的专家，形成涵盖工程科技、产业经济、社会人文等不同领域的专家队伍；另一方面，项目高度重视与地方政府部门的信息沟通，积极吸纳地方管理机构相关人员加入研究团队，在调查及研究中，及时沟通意见，保障研究内容与秦巴山脉区域自身特色紧密关联，使得研究成果更加接地气，更具实践指导价值。

在研究过程中，项目组围绕生态环境保护和绿色循环创新发展等问题进行了全面深入的调查研究，取得了阶段性成果。2016年1月，中国工程院将初步成果形成院士建议，并得到国家领导人重要批示。同时，项目也得到了四川省政府、陕西省政府等相关政府部门高度重视与支持。

二、核心结论

（一）秦巴山脉区域具有突出的战略价值

秦巴山脉区域具有极为突出的战略地位，集中表现在生态资源价值、文化资源价值、空间区位价值三方面。

1. 生态价值巨大

一是重要的洁净水源地。截至2015年，区内发育有235条河流、建有55座大型水库，总径流量达到1532亿立方米，水质优良。区内的丹江口水库是南水北调中线工程的水源地。二是重要的生态绿肺。截至2015年，区内分布着40个国家自然保护区、61个国家森林公园、12个国家地质公园、11个国家湿地公园，森林面积达2089万公顷，占我国森林面积的10%，是重要的森林碳汇和氧吧。三是我国最大的生物基因库。截至2015年，区内动植物种类数量达6000多种，占全国的75%，是我国17个重要的生物多样性功能区之一。大熊猫、朱鹮、金丝猴、羚牛四大国宝等120余种国家级保护动植物分布于此，在世界物种基因保护方面居显著地位。

2. 文化底蕴十分深厚

秦巴山脉区域是中华文明演进的重要溯源地，具有极为重要的历史文化价值。一是中华民族的诞生地和摇篮，区内发现的距今204万年的重庆巫山猿人化石是迄今发现的中国最早的猿人遗迹，华胥、伏羲、女娲、神农等二十多处中华民族祖先的遗址传说留存于此，是秦、楚、蜀、羌等多元文化交织、多民族融合的重要枢纽和根脉。二是中华文明核心价值思想源脉地。秦巴山脉滋养了西安、洛阳、成都等周边著名历史城市，形成古都文化。秦岭更是我国"生道、融佛"之山，内外分布有华严寺、至相寺、草堂寺、白马寺、楼观台等一大批宗教圣地，是佛教祖庭汇聚、老子楼观讲经、诸子百家布道传学等传奇所在，见证了中国古代文明初创、奠基、集成、辉煌的重要历程与基因库的形成。千百年来，秦巴山脉区域逐步演化成为中华核心价值思想源脉地，反映出历史脉络完整、文化构成多元、影响范围深远、天地人神一统的特征与气质。三是独具东方特色的山水文化。秦巴山脉区域山高谷深，华山、武当山、太白山等名山林立，并以终南山为代表形成了富有传统中华特色的东方山水文化和隐逸文化。

3. 区位空间十分特殊

在世界地理格局中，秦巴山脉（华夏龙脉）与欧洲阿尔卑斯山脉（欧洲之巅）、北美洲落基山脉（北美脊梁）被地质学家和生物学家并称为"世界三大名山"。一是秦巴山脉位于我国陆地版图的中央区域，是我国南北气候的自然分界区，黄河、长江两大流域的分水岭，东部平原区和西部高原区的过渡带。秦巴山脉因其区位空间特征集中反映出巨大山脉及其水系与人类文明孕育生长的紧密关系，深刻影响了周边乃至广大东部国土的自然、人文和城乡形态，具有重要生态区位安全价值。二是秦巴山脉周边分布有成渝城市群、关中平原城市群、武汉都市圈、中原城市群等中西部主要城镇聚集区，环秦巴城市地区既是秦巴生态资源的受惠地，也是生态保护与山区群众致富的重要支撑地。成渝城市群与关中平原城市群地处胡焕庸线东侧，作为我国人口密集区的西部，对国土东西部平衡发展，对"一带一路"双向开放、长江经济带等国家战略相互衔接具有特殊的空间区位价值。

（二）形成以绿色循环为核心的发展思路

一期研究提出应遵循"创新、协调、绿色、开放、共享"的新发展理念，以生态文明建设为根本，强调"生态保护为本"的研究立意，贯彻"绿水青山就是金山银山"的创新绿色发展思想。秦巴山脉的保护发展不可就秦巴论秦巴，应积极统筹秦巴山脉内外关系，明确秦巴山脉核心山区腹地作为我国生态安全要地和生态主体功能示范区的战略定位；明确秦巴山脉外围城市群地区作为联结"一带一路"的转换平台和支撑我国东西双向开放的中西部优势发展区的战略定位。通过绿色循环发展扶持民生建设，应对地区社会经济发展问题。在此基础上，项目组提出如下核心思路：以生态文明建设为根本，探索"绿水青山就是金山银山"的创新发展路径，保秦巴"净水清风"，释放生态生产力，通过外围城市地区的强发展，实现山脉腹地的生态大保护，最终实现地区生态保护与绿色发展的双重目标。

（三）提出六大绿色循环发展战略

课题一期提出"生态保护建设战略""产业培育转型战略""文化保护传承战略""教育体系创新战略""空间整理优化战略""区域协同发展战略"六大发展战略。同时，从绿色交通体系、绿色农林畜药发展、绿色城乡建设、文化旅游发展、绿色工业与信息化发展、矿产资源合理利用、水资源保护利用、政策体系研究共八个领域提出分领域绿色循环发展策略，并对河南、湖北、重庆、陕西、四川和甘肃提出分片区绿色循环发展引导策略，最后提出推进秦巴山脉绿色循环发展的政策措施建议。

1. 生态保护建设战略

通过秦巴山脉区域中央生态主体功能区的打造，进一步保障南水北调中线、长江、黄河和淮河的水质安全，保护地区生态安全格局和生物多样性，促进地区生态经济发展，使之成为全国生态文明建设的示范高地。一期研究根据区域水源地保护、生物多样性、林地分布、基本农田保护等，划定生态红线，红线范围内实行严格的生态保护制度，红线内居民点逐步迁出，15°以上坡地全部退耕还林。一期研究叠加水系分布、自然保护区分布、林地分布、大于15°坡地形分布、生物多样性、水源涵养重要性、石漠化敏感性、土壤侵蚀敏感性等多个因素，确定秦巴山脉的综合生态安全格局，并提出构建自然保护地体系、建设国家公园、加强水资源保护等决策建议。

2. 产业培育转型战略

围绕"培育绿色循环产业，释放生态生产力"的核心主线，秉持"低碳、绿色、循环"的产业发展理念，针对秦巴山脉当前产业发展问题，从传统产业转型和绿色产业体系培育两方面着手，探索"产城融合""三产融合""区域融合"的产业发展模式，建成"生态引领、服务主导、制造联动、基地示范"的绿色循环产业体系，为最终实现"生态秦巴、休闲秦巴、富裕秦巴"的发展目标提供产业支撑。

围绕"生态、旅游、文化、资源"四大主题，重点发展装备制造产业、绿色农林产业、文化旅游产业三大主导产业，着力培育健康产业、教育产业两大特色产业，提升整合矿产采掘业，积极扶持教育、科研、总部经济、电子商务等第三产业。形成依托秦巴山脉生态资源和自身特色产业资源的环境友好、生态低碳的绿色产业体系。

3. 文化保护传承战略

挖掘秦巴山脉丰富厚重的文化资源，通过限制开发、维护修复等方式，保护丰富的历史及地域文化遗存；通过活化展示、外溢拓展等方式，传承展示地区特色文化；结合现代服务业需求，依托文化资源，积极发展文化产业，打造地区文化产品；通过保护传承和拓展弘扬两大路径，实现秦巴山脉文化资源的保护与传承，提高秦巴山脉的文化感知度。

重点开展五大文化走廊和一个文化集聚区的保护传承，分别为：黄河文化走廊、长江文化走廊、汉江文化走廊、丝路文化走廊、藏羌彝文化走廊，共同形成华夏文明传承创新区。积极推动文化产业发展，构建博物馆型、都市产业型等多元文化产业发展模式。

4. 教育体系创新战略

教育是巩固秦巴山脉区域脱贫攻坚成果的根本途径，秦巴山脉区域人口众多，应以"扶智"推动地区发展。结合国际经验应大力发展中等、高等职业技术教育，培养秦巴山脉区域绿色产业发展需要的技能型人才，增强人口自力更生、自我发展能力。促进基础教育资源均等化，让山区经济落后的家庭子女都能接受到公平有质量的教育，以山区教育体系的发展，巩固山区脱贫攻坚成果。

重点实施三大计划和两大策略。三大计划分别为技工培训计划、引智援建计划、十年树人计划；两大策略分别为山区职业教育推广策略和基础教育资源均衡策略。

5. 空间整理优化战略

以"整理、优化"为核心主线，重点对区域的城乡建设、人居布局、土地功能、交通设施等进行整理优化，构建秦巴绿芯空间发展模式，协调秦巴山脉区域的人地关系，实现地区城乡建设与生态保护的和谐发展，构建绿色循环的城乡人居环境和空间建设模式，实现秦巴山脉空间绿色、集约、合理发展。

结合秦巴山脉区域内汉江河谷、丹江河谷、徽成盆地、巴山南麓等人口稳定区和人口集聚区的城镇承载力，积极开展秦巴山脉区域的城乡居民点体系重构整理。用5~10年时间，通过户籍制度改革在外围周边大中城市（成都、西安、郑州、武汉等）和山区腹地内中小城市（安康、十堰、商洛等）落户2143万山区腹地两栖人口；通过搬迁等策略引导山区腹地常住人口外迁300万~500万人。通过户籍制度和移民搬迁引导山区腹地人口适度外迁，力争将山区腹地人口规模控制在合理生态承载范围之内，形成基于生态承载力的合理城乡布局体系。

以秦巴山脉生态红线安全格局为根本，划定秦巴山脉的国土开发功能格局，严格划定不同功能区的开发边界，开展分功能区的建设管控引导，切实保护生态敏感保护区。将秦巴山脉全域国土划分为优先发展区、提升发展区、限制开发区、禁止开发区共四大功能区。

6. 区域协同发展战略

秦巴山脉的保护与发展需依托外围环秦巴城市地区开展，以实现人口输出和经济发展。以《秦巴山脉绿色发展宣言》（简称"秦巴宣言"）为契机，明晰秦巴山脉核心区与外围区的分工定位，以绿芯生态保护为根本，通过促进外围环秦巴城市地区的区域协同发展，加大内部山区的生态保护力度，加快内部山区的社会经济发展。转变当前单一的山区（经济）洼地向外围（经济）高地输出生态资源的不均等关系，改善山区与外围的交通联系，形成区域良性联动的协调发展格局。

构建秦巴山脉内外要素流通的协调发展格局，实现环秦巴外围城市地区对内部山区的带动扶持，进一步打通外围环秦巴城市地区与内部山区的道路及基础设施联系，外部城市地区环境友好类功能逐步向山区内部渗透，形成绿芯空间特色模式。将秦巴山脉核心区打造成为我国生态安全要地和中央生态主体功能示范区；将外围环秦巴城市地区打造成为联结"一带一路"的转换枢纽平台和支撑我国东西双向开放的中部砥柱；将秦巴山脉区域（核心区+外围区）打造成为全国范围内以生态生产力为动力、以区域协作实现共赢发展的生态文明示范区。

第二节　二期研究重点

一、研究侧重

课题一期研究范围较广，涉及问题较多，二期研究在一期基础上更侧重对于多个研究领域相互交织中所需协调的问题，需要深入论证可行性、必要性的政策性问题，以及面向实施的落地性与途径问题的研究，具体为以下五方面。

（一）对秦巴山脉自身价值的深度认知

一期研究认为秦巴山脉的价值集中体现在三方面：生态价值、文化价值和区位价值，但受一期课题组织架构设置的影响，在生态价值等方面需要进行更加专题性、系统化、深入性的研究。

二期研究在一期基础上，设置了生态组、国家公园组和区域协同组，吸纳了中国环境科学研究院、清华大学和国务院发展研究中心等研究力量，对秦巴山脉的生态价值、区位价值等进一步深度认知。在一期偏重定性认知的基础上，二期的价值认知更侧重定量分析、系统梳理和动态更新，具体包括秦巴山脉的生态价值测算、各生态服务系统的价值反映、自身生态价值结构、与全国生态价值的比较等定量分析；基于自然保护地体系构建的文化走廊、文化节点、文化资源的系统化梳理，以及生态文化双重属性、生态文化单一属性资产的分布梳理等；基于新的国际国内形势背景、国家空间战略动态以及国土空间规划背景下的区位战略价值分析等。

（二）对秦巴山脉区域战略定位的深度认识

一期研究中提出"秦巴山脉的发展不能就秦巴论秦巴"，提出了环秦巴城市地区的概念，并提出秦巴山脉与环秦巴城市地区的协同发展初步思路。

二期在一期基础上增设区域协同发展研究课题，探讨秦巴山脉与环秦巴城市地区的内外衔接问题，并结合国土空间战略的动态调整，进一步深入研究整个秦巴山脉区域在国家总体空间、总体安全等战略层面的地位和职能，从国土空间战略层面探讨秦巴山脉区域的发展导向。

（三）对秦巴山脉生态保护路径的深度探究

一期研究中将生态保护作为秦巴山脉绿色循环发展的首个发展战略，并提出构建国家公园、自然保护地体系、构建生态安全格局等重要思路，多从国际经验、宏观建议等角度出发，更侧重战略层面。

二期在一期基础上进一步壮大研究队伍，针对秦巴山脉腹地的生态保护和建设问题，以秦巴山脉生态价值评估与保护发展战略研究、秦巴山脉国家公园与自然保护地体系战略研究、秦巴山脉水资源经济可持续发展战略研究三个专题为支撑，将生态保护以及国家公园建设作为重点问题在二期中进行深入研究，制订秦巴山脉区域生态资源保护的整体方案，构建秦巴山脉区域生态保护协同战略共识。重点对重要生态功能区、生态迁徙廊道、生态格局划分等进行定量分析和研究。结合2017年出台的《建立国家公园体制总体方案》的相关精神和要求，在既有国家公园体系基础上，提出切实可行的、具有工程指引价值的国家公园建设路径以及秦巴山脉自然保护地体系构建路径。

（四）对秦巴山脉绿色发展实现途径的进一步深化

一期研究中提出秦巴山脉的生态保护需要通过绿色发展的路径得以保障，最终实现保护与发展的均衡和双赢，并针对生态经济振兴，提出应构建绿色产业体系的初步思路。

二期研究针对秦巴山脉的经济洼地问题，进一步加强对绿色发展部分的探讨，通过传统产业转型、战略性新兴及高成长产业培育、装备制造、水资源保护与利用等课题对绿色发展路径进行进一步研究。以秦巴山脉区域绿色农业发展战略研究、秦巴山脉区域绿色林业发展战略研究、秦巴山脉区域传统产业转型发展战略研究、秦巴山脉区域装备制造产业可持续发展研究、战略性新兴及高成长绿色产业发展研究五个专题为支撑,重点研究生态产品价值转化的路径(包括水资源、农林资源、生态资源等);传统工矿、化工产业的具体转型发展导向;战略性新兴产业培育路径等问题,旨在形成具有实践指导价值的绿色产业体系具体构建路径。

(五)对秦巴山脉区域的协同发展问题的深入研究

秦巴山脉牵涉五省一市、地域广阔,无论是秦巴山脉区域的绿色循环发展还是环秦巴城市地区的协同发展,都需要跨地区、跨行政、跨部门统一思想、联合行动。一期提出了秦巴山脉与外围环秦巴城市地区之间需要协同发展,并重点就内部之间以及内外之间的协同问题进行了探讨。

二期在一期基础上,认为秦巴山脉区域对国家国土空间战略层面具有重大价值,环秦巴城市地区之间的协同是关系到秦巴山脉自身生态有效保护的重要外部支撑,也关系到国家区域经济发展与总体安全等多方面利益。因此,二期以环秦巴城市地区协同发展战略研究、秦巴山脉区域绿色城乡空间发展战略研究、秦巴山脉快速交通网络及旅游交通体系研究三个研究专题为支撑,重点就环秦巴城市地区之间的协同问题,以及秦巴山脉区域内外协同路径问题进行重点研究,包括协同的必要性与可行性等,并深入探索以绿芯空间发展模型为支撑的协作格局,探究流域体系与人居环境嵌套的城乡人居空间,提出可供借鉴的措施建议。

二、研究范围

课题一期打破传统就山脉研究山脉或就城市研究城市的视域桎梏,提出了把秦巴山脉与周边城市地区作为整体的研究思路,通过外围城市的强发展,强化山脉腹地的大保护。项目二期秉持这一生态文明战略下的整体性研究思想,进一步借鉴国外五大湖地区与五大湖城市群、阿尔卑斯山脉与《阿尔卑斯山公约》周边国家地区等的经验教训,从山脉与人居不可分割的密切关系着手,深入综合考虑山脉腹地与周边城市地区的复杂关系和相关规律。因此,项目二期研究范围与一期研究范围基本一致,分为秦巴山脉腹地和外围环秦巴城市地区两个层面,统称为秦巴山脉区域。

(一)秦巴山脉腹地

秦巴山脉腹地范围与课题一期中的山脉内部核心区一致,指秦巴山脉的山脉核心腹地,东西绵延1000余千米,总面积约31万平方千米,总人口6192万人[①]。具体涉及河南、湖北、重庆、陕西、四川、甘肃五省一市的22个设区市(自治州、林区)共119个县(区、县级市)(表1-1)。

---

① 本书中人口及国土数据为2018年数据,与二期课题研究数据基期时间一致。

表 1-1 秦巴山脉涉及区县一览表（2018 年）

省（直辖市）	设区市（自治州、林区）	县（区、县级市）/个	户籍人口/万人	面积/千米²
陕西省	西安市	4	305	7 828
	宝鸡市	3	47	6 722
	渭南市	3	74	2 232
	商洛市	7	253	19 574
	汉中市	11	381	27 012
	安康市	10	305	23 535
河南省	洛阳市	5	274	10 828
	平顶山市	2	185	3 793
	南阳市	7	592	16 720
	三门峡市	3	147	8 778
湖北省	十堰市	8	372	23 698
	襄阳市	7	430	14 234
	神农架林区	—	8	3 253
甘肃省	陇南市	9	286	27 838
	天水市	2	123	5 922
	定西市	3	105	7 729
	甘南藏族自治州	4	47	15 135
四川省	达州市	5	390	12 515
	巴中市	5	437	12 292
	广元市	7	302	16 310
	绵阳市	4	167	13 198
	南充市	4	409	7 531
重庆市	—	6	553	21 957
合计	22	119	6 192	308 634

资料来源：《中国县域统计年鉴 2018》

（二）环秦巴城市地区

环秦巴城市地区是指以秦岭-巴山山脉作为共同生态资源重要基础的外围城市地区，涉及成渝、关中、中原、长江中游四大城市群的全部或部分地区以及兰州等地区，具体涉及重庆、成都、德阳、绵阳、广元、广安、遂宁、西安、宝鸡、渭南、武汉、宜昌、襄阳、荆门、孝感、荆州、随州、郑州、洛阳、平顶山、三门峡、南阳、信阳、驻马店、兰州、天水等 34 个城市（不含县级市）。

（三）秦巴山脉区域

秦巴山脉区域是指秦巴山脉腹地（内部核心区）和环秦巴城市地区（外围城

市环带）共同形成的区域。秦巴山脉腹地和外围城市地区是紧密关联的统一体，要实现秦巴山脉腹地的保护和绿色发展，需要借助外围城市地区的带动作用。基于此，研究项目提出秦巴山脉区域的概念，秦巴山脉区域强调秦巴山脉区域和环秦巴城市地区二者在空间上的统一性和交互性，以及在秦巴山脉保护与绿色发展上目标的一致性。这种一致性既包括秦巴山脉区域和环秦巴城市地区各自所侧重的功能分工，更强调了在实现共同目标的过程中，二者互相支撑、互相促进、互融一体的关系。

第二章

区域基础再认知

第一节 地区概况

一、区位条件

（一）地理区位

秦巴山脉地处中国地理的几何中心、横贯东西，汉江、丹江穿境而过，地形地貌多样，高山延绵、丘陵广布、盆地和川道狭小。一般所说的"大秦岭"为陕西省秦巴山地，包括北部的秦岭山地、中间的汉江谷地及南部大巴山地共三个地形单元，其中，秦岭是"大秦岭"主脉，巴山是"大秦岭"的分支。这里需要说明，本书借鉴"大秦岭"概念时，则放大到整个秦巴山脉等研究所覆盖的山脉地区，从而使得研究讨论更加简单和统一，避免过多概念的重叠。狭义的秦岭为黄河水系与长江水系的重要分水岭，北侧是肥沃的关中平原，南侧是狭窄的汉水谷地，是褶皱山（主要）、断块山。巴山西起嘉陵江谷，东至湖北武当山。其山势呈西北至东南走向，绵延约300公里，其山岭交错，重峦叠嶂，是汉中、安康盆地与四川北部的分水岭。

秦岭是我国重要的地理分界标志，是我国黄河水系和长江水系的分水岭，沿秦岭穿越秦巴山脉区域800毫米等降水量线是我国南方和北方的地理分界线，湿润地区与半湿润地区的分界线，亚热带季风气候与温带季风气候的分界线，热带亚热带常绿阔叶林与温带落叶阔叶林的分界线，河流结冰与不结冰的分界线。秦岭以南以水田为主，农作物以水稻为主，一年两熟或三熟；秦岭以北以旱地为主，农作物以小麦、玉米为主，一年一熟或两熟。巴山山脉也称大巴山，是陕南与川北之间的一道天然屏障。在植物地理区划上，秦巴山脉是东亚两大典型植被带（中国-日本森林亚区、中国-喜马拉雅森林亚区）的衔接区域。在动物地理区划上，秦巴山脉是我国动物地理华北区和华中区的分界线。

（二）交通区位

秦巴山脉涉及"渝新欧"国际铁路联运大通道、西成高铁、包茂高速、沪陕高速等多条交通干线，是东西南北交通联系的汇聚区。区域内初步形成了"三横四纵"的交通运输主通道，其中三横为西安—商洛—南阳通道、襄阳—十堰—汉中—九寨沟通道、万州—巴中—广元通道，四纵为兰州—广元—成渝通道、西安—安康—重庆通道、三门峡—十堰—恩施通道、洛阳—南召—襄阳通道。

公路方面，区域内已基本形成了以高速公路、普通国道为主骨架，省道、县乡道为脉络，外连毗邻省，内通县、乡的公路网体系。截至2017年，秦巴山脉区域公路网总里程超过18万公里，路网面积密度为83.4公里/百平方公里、路网人口密度为51.3公里/万人；铁路方面，区域内铁路营业里程为2289公里，路网密度为101.7公里/百平方公里；航空方面，秦巴山脉区域共有18个民航机场投入使用，目前已经形成了由省会城市的枢纽机场、干线机场和地级市的支线机场共同组成的民航机场体系，兼顾旅游、飞行训练等通用功能；水运方面，区域内水运主要集中在长江上游、汉江、嘉陵江等水系。

（三）战略区位

秦巴山脉区域地处我国"两横三纵"区域发展战略格局的"井"字中心，其周边分布有长江经济带、成渝城市群、关中平原城市群、武汉城市圈、中原城市群等多个重要城市集聚区，周边分布有重庆、成都、西安、武汉、郑州等中西部重要核心城市。秦巴山脉区域作为丝绸之路经济带的起点、主要通道、经济生态辐射区，要抓住发展机遇，全面贯彻落实国家"一带一路"倡议部署，融入国家"一带一路"体系，发展绿色循环经济，使秦巴山脉区域成为具有示范意义的绿色循环发展先行区、"一带一路"建设的支撑区。"一带一路"背景下，新的社会经济、科技文化等要素的关联性使得我国国土空间格局必然发生新的变化，国土"两横三纵"的"井"字形格局在动态变化中被进一步强化。因此，新的发展态势要求西部地区出现能够承担西向开放核心职能的城市集群，从而呈现我国东西并重、多向开放、海陆统筹、南北贯通的发展格局。环秦巴城市地区恰恰位于"井"字形格局的中心环状地带，起着东西传递、南北统筹的重要作用，是中西部崛起发展、东西部平衡、维护国家安全稳定的关键地区。

在国土空间方面，胡焕庸线表明了数十年来基本稳定的我国人口分布格局，也表明了相关城镇发展要素（生态、经济、社会、文化等）的聚集状态。胡焕庸线以东是我国地理版图的中东部地区，集聚了全国96%的人口。中国陆地版图西部边陲的高原与荒漠地区，除以乌鲁木齐为核心的天山北麓地区能够形成区域层级的城市集群外，总体而言只能形成散点状的城镇分布。如果说我国人口稠密地区的东部分布有长三角、珠三角、京津冀三大城市群，那么，我国人口稠密地区的中西部，即胡焕庸线附近应该出现既能承担西向开放职能，又具有平衡东西国土空间意义的城市集群。因此，环秦巴城市地区特别是"成渝西"地区成为构建我国基本的国土空间平衡发展的关键地区。

二、自然条件

（一）地质条件

秦巴山脉是秦岭和大巴山脉的总称，位于华夏腹心，地质上处于我国南北和东西地质构造接壤地带——秦岭造山带。秦岭造山带位于中国中部，东西向延伸，是华北克拉通和扬子克拉通之间的汇聚带，该造山带是多阶段碰撞造山形成的，在我国构造格局中有重要地位。秦岭造山带依基底的性质、演化特点，可划分为北、中、南带。北秦岭和南秦岭在早古生代分别属华北板块的南大陆边缘（活动）和华南板块的北大陆边缘（被动），中秦岭形成于晚古生代硅铝壳基底上，属南、北大陆边缘造山带的共用盆地晚三叠世，中秦岭褶皱带与南北大陆边缘山链构成秦岭造山带。

（二）地貌条件

秦巴山地因受强烈上升的新构造运动，山体高大，气候、土壤、植被等综合垂直分带变化明显，具有多层性，故根据地貌形态和内外应力作用，分为高山、中山、低山丘陵和盆地四种地貌类型[①]。秦巴山脉是连接我国西北、西南的接合部地理中心带，东部一级低地平原与西部二级高原的过渡区。秦巴山脉区域山高岭峻，沟壑纵横，具有极端复杂的地形、地貌条件，以山地丘陵为主，汉江谷地贯穿于群山之间，形成高山林立、群峰错落，断陷盆地（汉中、安康、商丹和徽成等盆地）星散于群山之中的特殊地貌环境。

（三）气候条件

秦岭以南为亚热带湿润季风气候，一月的平均气温在0℃以上，河流不结冰，夏季雨水丰沛，冬季青山绿水；秦岭以北则属于暖温带半湿润-半干旱季风气候，一月平均气温在0℃以下，河流结冰。从气候垂直分布来说，秦岭南坡自下而上可以分出亚热带、暖温带、温带、寒温带、亚寒带五个气候带；秦岭北坡缺少最下面的亚热带，其他四个气候带与南坡相同。大秦岭以南是湿润地区，年降水量在800毫米以上，雨季长，降水多；大秦岭以北是半湿润地区，年降水量在800毫米以下，雨季短，降水少。

秦巴山脉区域成为我国南北方的中央气候调节器，也形成了这一区域气候类型多样（有北亚热带海洋性气候、亚热带-暖温带过渡性季风气候和暖温带大陆性

---

① 李昭淑. 秦巴山地泥石流灾害与防治[M]. 西安：陕西科学技术出版社，2015.

季风气候)、垂直变化显著的特征。

秦岭作为我国气候上的一条重要分界线,南北气候差异十分显著。秦岭北部海拔高度在1000米以上的中、高山区属暖温带山地气候,年平均气温5.9~7.8℃,年降水量700~1000毫米,降水量随着地形高度的上升而随之增大,气候垂直分带性特征十分明显。秦岭南部海拔高度在1000米以下的低山丘陵区属北亚热带湿润、半湿润气候,年平均气温11~14℃,年降水量750~1000毫米,降水量多集中在每年的7~9月,占全年降水量的50%左右,其间暴雨和连阴雨天气居多。长历时降雨或暴雨、特大暴雨常会引发山洪、滑坡、泥石流等山地自然灾害。

大巴山是四川盆地北部的天然屏障,对阻滞冬季北方冷空气的南侵,对四川冬暖春早气候的形成影响重大。大巴山南面的四川盆地为中亚热带,而北面的汉中盆地则属于北亚热带。大巴山是中国中亚热带气候和北亚热带气候的分界线,大部分地区属北亚热带气候。年平均气温:米仓山、大巴山、神农顶等山脊在14℃以下;大巴山南麓(奉节、巫山一带)在16~18℃;其余地域在14~16℃。年平均降水量:米仓山东部1200毫米以下,神农架林区1400毫米左右,其余地域1000~1200毫米。万源、巫溪一带是川陕鄂大巴山暴雨区的中心,年平均暴雨日6~8天。

(四)水文条件

秦巴山脉水资源丰富,高于全国平均水平,属于丰水区。秦巴山脉流域地形属于中国西高东低的第二阶梯上,流域的海拔高度落差大,接纳的支流大部分发源于东西走向的秦岭南麓,少部分发源于东西走向的巴山北麓。秦巴山脉大致可以划分为汉江和嘉陵江两大水系,两者均为长江一级支流。

三、社会经济

(一)人口概况

秦巴山脉总面积约31万平方千米,截至2018年总人口6192万人。范围涉及河南、湖北、重庆、陕西、四川、甘肃五省一市的22个设区市(自治州、林区)共119个县(区、县级市)。区域各城市市区人口1768万人,占主体的县及县级市人口分别为3989万人和435万人,主要分布在秦岭山区的东部、南部和中部。县域平均人口为46万人,但区域差异巨大,最大的县云阳县县域人口达134万人,最小的县佛坪只有3万人[①]。

(二)经济水平

秦巴山脉受地形及自身条件制约,区域经济发展较为落后,其产业结构以农

---

① 人口数据摘自2018年《中国县域统计年鉴(县市卷)》。

林牧渔等第一产业为主，第二、第三产业发展较为滞后。近年来，秦巴山脉逐渐形成了以农林产品加工、矿产资源开发和制造业等为主体，以旅游业、物流业、信息服务业等为辅助的产业发展模式，在秦巴山脉的国民经济中第二、第三产业的比重逐步增加，经济稳步增长。根据秦巴山脉各设区市、州、县（区、县级市）政府工作报告和《国家统计年鉴》有关数据分析，2017年秦巴山脉生产总值为18 740.5亿元，占国内生产总值685 506亿元的2.73%。人均地区生产总值3万元，为全国平均水平59 262元的50.6%。综上所述，秦巴山脉腹地经济发展较为落后，经济规模较小，产业经济整体处于由工业化初期向中期的过渡阶段，产业结构处于由单一结构向多元化结构的过渡阶段。

从河南、湖北、重庆、陕西、四川、甘肃五省一市的地区生产总值总量上看，2017年河南省以44 988亿元的总量位居首位，紧随其后的是四川省与湖北省，其地区生产总值总量分别为36 980亿元和36 523亿元，陕西省与重庆市的地区生产总值总量相差不大，分别为21 899亿元与19 500亿元，甘肃省的地区生产总值最小，仅为7677亿元。从人均地区生产总值上来看，重庆市以63 689元位居首位，湖北省、陕西省人均地区生产总值差异不大，分别为61 882元和57 266元，河南省和四川省人均地区生产总值较低，为47 130元和44 651元，甘肃省人均地区生产总值最低，为29 326元。

（三）产业发展

2017年，秦巴山脉区域涉及的五省一市第一产业生产总值占全国的24.9%，秦巴山脉区域第一产业生产总值占全国的4.3%，占五省一市的17.3%。五省一市第二产业生产总值占全国的22.7%，秦巴山脉区域第二产业生产总值占全国的2.73%，占五省一市的12.02%。五省一市第三产业生产总值占全国的17.29%，秦巴山脉区域第三产业生产总值占全国的1.71%，占五省一市的9.88%。可见无论是第一产业、第二产业还是第三产业，秦巴山脉区域在五省一市的生产总值占比均较小，其中以第三产业最为突出，不足五省一市总产值的10%。

秦巴山脉区域工业主导产业有：能源、矿产、建材（含耐火材料和陶瓷）；冶金（含钢铁、铁合金、有色金属冶炼和铸造等）、化工（含盐、碱、磷化工、化工材料、日用化工和化肥）、航空航天；装备制造、汽车与摩托机车制造及零部件、机械电子和钢构、金属制品；食品饮料、医药与中药材加工；轻工（含包装保温材料）、纺织（棉和丝绸）服装和农副产品加工。2017年区域内主要产品产量如下：原煤876万吨、发电242亿千瓦时、天然气58亿立方米、水泥5170万吨、粗钢768万吨、石墨3332吨、锌72万吨、铅2.5万吨、黄金186吨、化肥25.8万吨、汽车11.4万辆、机床3135台、中药1.9万吨、塑料17.3万吨。总体而言，在秦巴山脉区域里上述行业的整体水平落后于国内经济发达的地区，而且不难看出，在上述产品中，对能源和资源依赖性强、消耗大、排放多的重化工产业占有相当大的比重。

经过多年的发展，秦巴山脉区域形成了包括装备制造、原材料制造、消费品制造、电子产品制造、能源生产制造、生物制药等六大门类三十多个细分行业的产业体系。其中传统产业主要包括装备制造业、矿产开采及加工业、种植业、林业、农林畜牧特产品加工、中药材以及高能耗、高污染资源型产业。其中，高能耗、高污染资源型产业主要包括化学原料及化学品制造业、非金属矿制品业、黑色金属冶炼压延、有色金属冶炼压延、石油加工炼焦和电力等。

秦巴山脉区域工业园区发展具有相当规模，已成为该区域工业经济发展的主要载体。截至2015年，秦巴山脉区域拥有国家级高新区或开发区14个，省级开发区24个，县级工业集中区120多个，工业产值占秦巴山脉区域工业产值的60%以上，是秦巴山脉区域工业发展的最主要基地。

四、文化概况

自然地理环境是孕育文明的温床，一如阿尔卑斯山育化了欧洲文明，秦巴山脉北瞰黄河，南依长江，广袤的大秦岭山水环境也孕育了东方文明的生长，滋养了长安、洛阳、成都等历史城市和周秦汉唐等众多历史朝代的发展，进而成为中华文明核心价值思想的萌发与源脉地。区域内蕴含了大量时间跨度久远、覆盖范围广泛、内涵类型丰富的历史文化资源，包括以巫山猿人、郧县猿人为代表的古人类文化遗存，以华胥古国、伏羲女娲为代表的先祖神话遗存，以及不同历史都城朝代沉积的深厚文明遗迹，见证了中华文明孕育生长的重要历程[①]，涉及哲学思想、宗教圣迹、都城营造、丝绸之路、隐逸山水、地域民俗、民族交融等。

秦巴山脉区域地处南北交汇、东西联通的中心区域，从自然环境对历史发展影响的角度来看，特殊的地理位置和自然环境使其在各个历史时期都是人流与物流南下、北上的必经之地和各部落民族相争的军事要地，进而成为游牧文明与农耕文明碰撞融合，东西、南北文化渗透交流的重要"平台"。通过对秦巴山脉区域文化遗产与风景名胜区等的叠合分析，也可以看出其在空间分布上存在明显的空间聚集性。

总体来看，秦巴山脉区域文化具有历史脉络完整、文化构成多元、山水文化浸润、影响范围广泛、天地人神一统的特征与气质[②]。

（一）历史文化

1. 史前遗存

秦巴地区境内是我国最早有古人类居住和开发的地区之一。已发现的古人类

---

① 魏晓芳. 三峡人居环境文化地理变迁研究[D]. 重庆：重庆大学, 2013.
② 周庆华, 雷会霞, 薛颖. 秦岭 中华民族的祖脉[J]. 中国民族, 2021(4)：74-77.

化石地点主要集中在河南、湖北、陕西三省交界的地区。巫山猿人、郧县猿人、郧西猿人、南召猿人的发现表明，秦巴地区曾是我国人类起源的重要地区之一，早在200万年至50万年前，秦巴地区的先民就在这块土地上繁衍生息。20世纪60年代至今，中外研究者在陕西省境内相继发现的旧石器文化遗存达300余处，出土旧石器时代早、中、晚各期人类化石十余件，分别代表了人类发展过程中的直立人、早期智人和晚期智人三个阶段。1978年9月，在今河南省南召县云阳镇杏花山发现了南召猿人。20世纪80~90年代，考古工作者在今湖北郧阳区、郧西、房县、神农架、丹江口、襄阳、江陵、长阳、宜都、枝江、大冶、武汉等全省大部分范围内先后发现了郧县猿人和郧县人化石及石制品。1985年、1986年、1997~1998年、2003~2005年科考工作人员在重庆巫山县庙宇镇龙坪村龙骨坡先后发现了中国和亚洲最古老的人类——巫山猿人。可见，秦巴地区出土的史前遗存不仅数量多、时间久远，而且覆盖面积广泛，由此可以推测，秦巴地区是我国文明的重要发祥地之一。

2. 先秦—秦汉时期

汉代的秦岭地区是中国文化第一次大整合的核心地带。华夏、汉朝、汉族之名与华山、汉中有关。近代大学者章炳麟在《中华民国解》中提出汉族名称与汉水、汉中有关，"华夏"之称与华山、汉水有关。黎锦熙先生说："西北之华山汉水，即'华夏'之名所由来，古代文化实肇此土。"孙宝琛也指出："西安与汉中正是我大汉民族强盛时期的圣地。"崔瑞德、鲁惟一编写的《剑桥中国秦汉史》也主张汉朝的名称源于汉中。已故著名史学家吕思勉在《中国民族史》中指出："汉族之称，起于刘邦有天下之后。近人或谓王朝之号，不宜为民族之名。吾族正名，当云华夏。"由此可知，汉族的名称来源于汉水、汉中，奠定于渭水、长安；汉民族的形成是在以大秦岭为核心、以汉水与淮河为轴心、以黄河与长江流域为载体的广大区域内完成的。因此，大秦岭是汉族形成与汉族名称产生的核心地区。

3. 魏晋南北朝时期

魏晋南北朝时期，大一统的政治局面被打破，朝代更迭频繁，战乱持续不断。汉末三国之际至南北朝对峙时期，以襄阳为首府的荆州，由于在当时具备战略位置上绝对的重要性，因而成为当时政治家、军事家纵横驰骋的用武之地。与此同时，中原士人因避战乱，大量涌入荆襄地区，该地区一时间成为人才辈出、人文荟萃之地，为当时的政治、经济、文化做出了重要贡献。

4. 隋唐五代时期

隋唐五代时期，秦巴山脉区域是当时中华民族的文化地标。这一时期在秦巴山脉区域出现的文学艺术作品、思想、学术，以及宗教艺术的数量空前增多，而且题材广泛，内容丰富，风格多样，体现了中国文化的灿烂与辉煌。隋唐时期是中国古代社会的鼎盛时期，国力强盛，文化开放。隋唐王朝都城所在地陕西，不仅作为政治、经济中心发挥着巨大的引领作用,而且也作为文化中心,在思想学术、宗教艺术、科学技术等诸多方面产生了巨大影响。而洛阳等地因自身良好的社会政治环境,为文化的发展提供了有利条件。荆楚文化、巴蜀文化也在长期积淀的基础上于隋唐时期呈现出繁荣兴旺的面貌。

5. 宋元明清时期

宋元明清时期,秦巴山脉区域不仅记录着朝代更替、世事盛衰的变化历程,同时也创造了极具地域特色的物质文明与精神文明,在思想学术、宗教、教育、文学、史学、艺术、科技等领域留下了丰富的遗产,为多民族国家的繁荣和进步贡献了独特的力量。特别是在宋朝,思想、文化与科技等方面达到的空前高度,在当时世界上产生了深远影响。荆楚地区在推动理学北传、填补瓷艺空白、发明印刷技术等方面做出了突出贡献。

(二)地域文化

秦巴山脉区域以秦岭和巴山为主,作为我国南北方的交界,不仅在自然生态方面表现出了丰富的多样性,在地域文化方面同样呈现出了丰富的格局。独特的地理区位决定了区域间的能量交换和联系,从而构建起了整体统一、局部多样的多元地域文化。

1. 三秦文化

三秦文化之名孕育在春秋战国时期作为秦国治地的陕西,它是指在三秦大地生长、发展起来的历史区域文化或传统区域文化。三秦文化的概念在内涵和外延上经过长期的历史发展过程,已经由昔日狭义的关中、陕北文化发展壮大,目前,其泛指的是包括陕南文化在内的一般陕西文化。三秦文化是中国文化的重要组成部分,在中国文化发展史上有着极其重要的地位。从三秦文化广义的概念来看,不仅包括楚汉相争以后的文化,还应包括周秦时期甚至先周时期的文化。总之,凡在三秦大地自古以来发生、发展起来的文化都可纳入三秦文化的范畴。三秦文化形成于周秦时期,成熟于汉唐时期,宋元以后逐渐衰落,明清时期走向了历史的低潮。三秦文化在公元906年以前,曾集中反映了中华文明的成就,以汉唐长安为标志,如日中天地照耀着整个世界;宋元以后,三秦作为临制西北的军事重镇,凭借其地理与文化优势,对历史做出了杰出贡献。三秦文化内涵极为丰富,不仅包括三秦大地上丰富的历史文物、文化遗存,而且包括民俗、制度、艺术、宗教、思想、学术、哲学、伦理,以及深层次的自然观、宇宙观、人生观、价值观。

2. 巴蜀文化

巴蜀文化是指巴蜀地区,即主要在今四川、重庆境内,自古至今汉族和各少数民族共同发展的具有巴蜀地区特色的地域文化。巴蜀文化又具有很强的辐射能力,除与中原、楚、秦文化相互渗透影响外,主要表现在对滇黔夜郎文化和昆明夷、南诏文化的辐射，还远达东南亚大陆地区，在金属器、墓葬形式等方面对东南亚产生了深刻久远的影响。巴蜀文化以巴蜀地区为依托，北及天水、汉中区域，南涉滇东、黔西，生存和发展于长江上游流域，具有从古及今的历史延续性和表现形式的连续性。在今四川，已出土的考古遗址和遗存说明，经过历史文化的积累，四川地域的巴蜀文化具有封闭与开放相结合的两重性。一方面，巴蜀文化是诞生和发展于农业社会时期的静谧文化，如同中华传统农耕文明一样，具有一定的封闭性；另一方面，巴蜀文化因为水利的发达、河网的密布、栈道与窄桥的"无所不通"，形成古代城市工商业的繁华与兴盛。所以，它又是充满活力的古代工商城市的动态文化，有着强烈的冲出盆地、开放市场和探求知识的欲望。这种动与静的结合，封闭中有开放途径和开放下有封闭心态的结合，就是巴蜀文化的根本性质，是巴蜀文化最鲜明的历史个性。

3. 中原文化

中原文化是中原地区的物质文化和精神文化的总称，是中华文化的母体和主干。狭义的中原文化常常以河南为中心，广义的中原文化包括关中、晋中南等更广阔的黄河中下游地区，与三秦文化中的部分等重叠，是华夏文化的发源地及生成的核心地区，逐层向外辐射，影响延及海外。中原文化最显著的特点就是与中国文化形成直接关联，上古时代，华夏族在中原地区建立了中国最早的国家政权，并逐渐实现了国家的相对统一。以中原为中心全方位的部族交流，形成一股强大的向心力和凝聚力，夏、商、周三代继承了这个强有力的趋势，促进着民族间的理解和认同，推进着多元文化融合趋势的发展。

4. 陇南文化

陇南是中国历史上农耕文化、畜牧文化和渔猎文化交汇积淀的地域，具有明显的多元特性。独特的区位优势、悠久的历史和多姿多彩的民族风情，孕育了丰富的陇南文化。陇南市与陕西省、四川省毗邻接壤的地理位置，决定了陇南文化具有秦陇文化和巴蜀文化两种文化的特征。先秦至秦汉时期，陇南地区曾作为梁州的辖域而被看作南方和西南地区的一部分，后来随着行政区划的变动而渐与北方甘肃地区融为一体，但这一地区向来为甘、川、陕三省的毗邻之地和通商要道。这种独特的人文地域关系，使甘肃成为我国东部与西部、南部与北部的契合点和接合部。

5. 荆楚文化

荆楚文化因楚国和楚人而得名，是周代至春秋战国时期在江汉流域兴起的一种地域文化，它是指以当今湖北地区为主要辐射地的古代荆楚历史文化。湖北文化最深层次的价值观是多元性，即具有较强的开放性和兼容性。荆楚文化作为活跃于江汉之滨的地缘文化，在长期的发展中，逐渐形成了其与众不同的文化形态、文化性格和文化思维，并日益沉淀，成为民族的集体潜意识，具有顽强的稳定性和延续力。湖北是古代楚国的政治、经济和文化中心，而荆楚文化体系就是以楚文化为基础，以湖北地方特色文化为依托而形成的独具地域特色的一个文化体系。因此，荆楚文化包含两个层面的内涵：一个方面是以《楚辞》为代表的古代楚文化内涵；另外一个方面是以湖北地方文化为基础形成的地域文化内涵。

6. 藏羌彝文化

藏彝走廊是我国文化多样性最显著的区域之一。川北和甘南的藏族文化主要影响秦巴山脉区域的西北地带，羌文化主要影响北川、青川等地，而彝族文化的影响范围主要在川西、川南等区域。三种文化的特性主要在建筑形制、生活方式、歌舞娱乐、饮食习惯等方面体现出与汉族地域文化圈不同的特色。根据史前遗址考古资料，中国社会科学院普忠良认为"无论从多元的文化角度，还是从具体的民族学视角，古羌文化作为藏彝走廊的重要文化积淀和藏彝走廊文化的最重要组成之一，从丰富和发展学术的客观视角来说，把'藏彝走廊'称为'藏羌彝走廊'实不为过，而且更为妥切"。这里民族众多、支系复杂，民族文化具有突出的多样性、独特性并保留了大量古老文化遗存，在我国民族区域格局中极具典型意义和特殊研究价值。

（三）其他文化

1. 宗教隐逸文化

秦巴山脉区域的各类宗教遗迹类型多样，时间跨越各个朝代，比如西安附近的佛教祖庭，华山、武当山等，向我们传递了这样的信息：集儒、释、道于一体的秦岭，可谓中华传统文化的大熔炉。大秦岭区域位于西域、西南边陲和中原交接之处，一直以来受到多种文化共同影响，而且区域内重峦叠嶂、景色清幽、超脱凡世，自古以来就是佛道等宗教修行活动的重要区域，因此包含佛教、道教各类形式的丰富的宗教遗迹，时间跨越各个朝代，类型多样，包括名山、石窟、佛像、寺观等。

秦巴山脉区域远离战乱和世俗干扰，环境清幽，自古以来都是中原人民逃难避乱、亲近自然的重要区域。此外，自夏商时期至两汉隋唐直到如今，历朝历代都有无数逸士居于此处，或修道参禅，或采药养生，长期以来形成了独具特色的佛道文化和隐逸文化。从分布上大致可以分为以终南山为核心的秦岭隐逸文化圈，以武当山为核心的江汉隐逸文化圈，以青城山、峨眉山为核心的蜀山隐逸文化圈，以及以大巴山区为核心的大巴山隐逸文化圈四个组成部分。

2. 政治军事文化

秦巴山脉区域自古就是中国政治文化的中心。由于秦岭与关中的战略地理优势、秦岭与"八水绕长安"的富庶及风采诸条件的集结饱和，关中理所当然地成为中国古代政治中心的首选之地。"文王作丰，武王治镐""及秦文、缪居雍……

昭治咸阳""汉兴，立都长安"，及至隋唐，仍定鼎关中，成就了周、秦、汉、唐等先后 13 个王朝在此建都的辉煌历史，长安的政治中心地位前后长达一千一百多年，以致古人称秦岭为"龙脉"。秦汉在此形成了幅员辽阔的大帝国，开创并奠定了中华民族忠于"一统"的优良传统；隋唐帝国在此又重开盛世，磅礴之气达于世界各国，至今流芳。自元明清推行行省制以来，秦巴山脉区域分治于四川、陕西、河南、湖广等地。由于山区地处各省的边缘，不属于建设重点，但秦巴山脉区域之于中国近代革命文化，之于红色文化的创造，功不可没。

3. 古道驿站文化

自古以来秦巴山脉区域是中原地区与西域、西南各国相联系的重要通道。在周、秦、汉、唐等各个历史朝代中，秦巴山脉区域都承担了政治中心的角色，国家经济发展和战争扩张需要在连绵的秦巴山脉中打通道路，出现了以长安为核心，分别向甘肃、河南、湖北、重庆、四川延伸的道路体系，即当下的秦陇古道、秦蜀古道和秦楚古道的历史遗存。同时，完整的交通体系在丝绸之路的形成中起到了重要作用。在古陆上丝绸之路有三大驿站属于秦巴山脉区域。"丝绸之路：长安-天山廊道的路网"成功申报世界文化遗产，其中，秦巴山脉区域内包含长安—天水路段，即神仙路，又称古丝绸之路，该路段历史遗迹众多，是难得的丝绸之路历史遗迹与考古遗址。

第二节　价值再认知

一、生态价值

（一）生态资产价值测算

秦巴山脉腹地是我国重要的生态安全要地，是我国重要的中央水库、生态绿肺和生物基因库。截至 2015 年，整个秦巴山脉腹地发育有 235 条河流以及丹江口水库等 55 座大型水库，总径流量达到 1532 亿立方米，区内分布的丹江口水库年入库总流量 388 亿立方米，是我国南水北调中线工程的水源涵养地和供给地。秦巴山脉区域森林面积达 2089 万公顷，占我国森林总面积的 10%。地区平均森林覆盖率达 57.3%，是我国森林碳汇的中央汇聚地和植物释氧的核心供给区。此外，区内分布有百余处世界自然遗产、世界地质公园、国家级自然保护区、国家森林公园、国家地质公园、国家湿地公园以及国家级风景名胜区等，有 6000 多种动植物生物资源，种类数量占全国的 75%，分布有大熊猫、朱鹮、金丝猴、羚牛等 120余种国家级保护动物和珍稀植物，是我国重要的生物基因库。本期研究在一期的基础上，进一步对秦巴山脉腹地的生态系统现状进行分析，开展了子课题"秦巴山脉生态价值评估与保护发展战略研究"。

生态系统状况方面，截至2015年，秦巴山脉腹地各类生态系统中所占比重最大的是森林生态系统，为40.68%，其次是农田生态系统，为31.33%，两者占秦巴山脉总面积的72.01%，是秦巴山脉腹地生态系统的构成主体。然后是草地生态系统面积，占总面积的25.18%；城镇生态系统、湿地生态系统和未利用地占比较少，分别为1.46%、1.13%和0.21%。在秦巴山脉腹地生态系统中，森林和农田生态系统的占比远高于全国，草地、湿地和城镇生态系统的占比低于全国，未利用土地的比例远低于全国水平。秦巴山脉腹地生态用地占比为66.99%，整体水平高于全国平均水平57.42%。秦巴山脉腹地植被覆盖度呈增加趋势的区域面积占比达到85%，42.71%的土地属于较高以上生境质量等级。

生态系统服务能力方面，2015年秦巴山脉腹地水源涵养总量为694.25亿立方米，折合径流深为226.14毫米。水源涵养量总体呈现以神农架地区、大巴山脉、秦岭山脉为中心向周围辐射状递减的趋势，水源涵养能力较强的地区主要分布在山地区域；秦巴土壤保持量为4178.60万吨/年。从空间分布上来看，土壤保持量高值区主要分布在秦岭山脉、大巴山脉和神农架地区；秦巴山脉腹地生态系统固碳能力约为$108.60×10^{12}$吨碳/年，地均固碳量约为368.18克碳/（米^2·年）。高值区广泛分布于秦岭、米仓山和大巴山地区；秦巴山脉腹地生物多样性指数（biodiversity index，BI）的整体平均值为35.47，按分级标准划分为中等，说明秦巴山脉腹地的物种多样性较为丰富。

生态资产价值方面，基于TEEB（the economics of ecosystems and biodiversity，生态系统与生物多样性经济学）全球生态资产定价核定方案的方法核算，秦巴山脉腹地2015年生态资产价值为5980.92亿元，占全国生态资产价值的5.38%，生态资产高值区主要分布在秦岭、大巴山、伏牛山周边。生态价值结构方面，生物多样性为该区域最重要的生态功能，价值为3579.73亿元，占生态资产价值的59.85%，其次为水源涵养功能，价值为851.81亿元，占生态资产价值的14.24%，水土保持功能占比最低，仅为4.63%（图2-1、表2-1）。

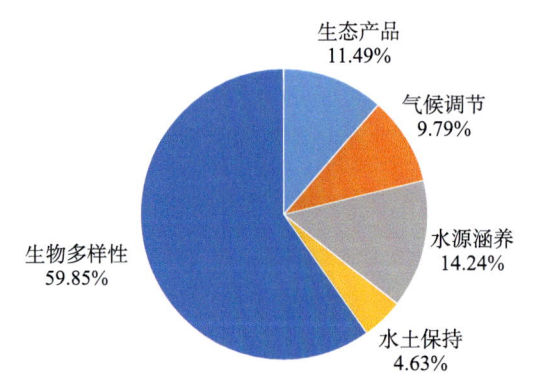

图2-1　2015年秦巴山脉腹地生态资产价值分布图

表 2-1　秦巴山脉腹地生态价值结构（2015 年）

生态价值类型	价值/亿元
生物多样性	3579.73
水源涵养	851.81
生态产品	687.24
气候调节	585.39
水土保持	276.75

按同样方法核算比较，秦巴山脉腹地的生态价值产出能力远远高于全国生态系统生产总值（gross ecosystem product，GEP）平均水平。秦巴单位面积生态系统生产总值为 195.94 万元/千米^2，是全国平均水平的 1.69 倍。从与全国的经济水平比较结果来看，秦巴山脉腹地土地面积占全国面积的 3.19%，地区生产总值总量只占国内生产总值总量的 2.26%，但该区域的生态系统生产总值却占全国的 5.38%（表 2-2）。生态资源资产丰富度与经济发展水平不匹配，属于典型的生态高地、经济洼地区域。

表 2-2　秦巴山脉腹地与全国的生态资产价值比较（2015 年）

核算项目	全国	秦巴山脉腹地
参与资产核算面/万千米^2	950.61	30.32
生态系统生产总值/亿元	110 475.89	5 940.94
单位面积生态系统生产总值/（万元/千米^2）	116.22	195.94
面积占全国的比例	100.00%	3.19%
生态系统生产总值占全国的比例	100.00%	5.38%
生产总值	676 708	15 294
人均 GDP/（万元/人）	5.00	2.52

（二）生态地位再认知

1. 中央水源涵养地

秦巴山脉水资源丰富，属我国丰水区，地处长江流域、黄河流域和淮河流域的交汇处，属于长江流域、黄河流域、淮河流域的面积分别占总面积的 85%、13% 和 2%，其中秦岭是长江和黄河的分水岭之一。截至 2015 年，秦巴山脉区域范围内，水系丰富，共分布有 86 条集水面积在 1000 平方公里以上的河流，其年汇水量占长江年径流总量的 15%、黄河年径流总量的 11% 与淮河年径流总量的 1.23%。

秦巴山脉作为我国南水北调工程的水源供给地和涵养区，一方面水量充沛，为南水北调中线工程水源地丹江口水库年供水量达 71%，区域水资源为缓解北方地区水资源短缺与支撑我国京津冀首都经济圈的区域发展起到了关键作用；另一方面水质良好，区域森林覆盖率达 57.3%，水生态环境健康，绝大部分水质达到

Ⅰ、Ⅱ类水体标准。

2. 中央生物基因库

首先，秦巴山脉是温带生物多样性的代表区域。一方面，秦巴山脉是温带动植物物种宝库；另一方面，秦巴山脉在全球相近温带地区具有极高的生物多样性，是我国东亚地区暖温带与北亚热带地区生物多样性最为丰富的地区之一。

其次，秦巴山脉是世界级孑遗物种与濒危物种的避难所。该区域是我国重点保护野生动植物数量最多的区域之一，在各个中国生物多样性保护优先区域中具有极高的动植物保护区密度。秦巴山脉的珍稀植物有着古老性、残遗性和原始性特征，是我国古老种子植物的残遗中心和许多物种的发祥地，同时也是世界级孑遗及濒危物种的栖息地，包括"秦岭四宝"大熊猫、川金丝猴、朱鹮、羚牛等。

最后，秦巴山脉是中国重要特有物种聚集区。以生物多样性价值最高的神农架地区为例，神农架国家公园处于中国种质特有属三大分布中心之一的川东-鄂西中心区，特有现象比较突出，中国特有科、中国特有属和中国特有种动植物都相当丰富，其中兽类、鸟类的中国特有种数量分别占全国的15.38%与22.64%。

3. 中央生态屏障

秦巴山脉作为我国地理中心横亘的绿色屏障，其生态屏障价值体现在以下四方面。

首先，在水平空间上，是我国各地区植物区系的交汇地，汇集了丰富的生态系统类型。秦岭北坡山势陡峭，具有暖温带气候的特点，南坡山势平缓，具有亚热带气候的特征，浓缩了亚热带、暖温带、温带和寒温带的生态系统特征，成为研究全球气候变化下山地生态系统垂直分异规律及其生态学过程的杰出范例。

其次，在垂直空间上，该地区拥有北亚热带和暖温带过渡区最复杂、最完整的山地垂直植被带谱。其垂直自然带谱在南部以北亚热带为基带，在北部以暖温带为基带，相比于中国同纬度、中部地区、东西走向山脉的全国生态功能区，秦巴山脉的植被垂直分布特征典型，植被类型最复杂、最完整，这在中国乃至全球都是罕见的。

再次，其拥有北半球保存最完好的落叶阔叶与常绿阔叶混合林代表性生态系统，以神农架国家级自然保护区为例，其落叶阔叶与常绿阔叶混合林是北半球落叶阔叶与常绿阔叶混合林生态系统的最典型代表，展示了其生物生态学过程，成为连接暖温带落叶阔叶林和亚热带常绿阔叶林不可或缺的桥梁和纽带。

最后，秦巴山脉是我国森林碳汇的中央汇聚地和植物释氧的核心供给区。2015年，秦巴山脉的生态系统多样，拥有IUCN SSC（International Union for Conservation of Nature Species Survival Commission，世界自然保护联盟物种生存委员会）一级生境类型七个，占全球一级生境类型总数的39%。该区域属于北亚热带秦岭大巴山混交林生态地理区，森林面积广阔，达2089万公顷，占我国森林总面积的10%，地区平均森林覆盖率达57.3%。

4. 中央大型造山带

秦巴山脉是一座横亘在中国中部东西走向的巨大山系，在地质上，秦岭、巴山属一个山脉体系，均为秦岭造山带的主体部分；在地貌上，秦巴山地受强烈上升的新构造运动的影响，山体高大，在气候、土壤、植被等方面垂直分带变化明显，地貌景观具多层性，以高山、中山、低山丘陵和盆地四种地貌类型为主。秦巴山脉是中国乃至世界地质界瞩目的造山带，其复杂构造运动的发展奠定了秦岭作为我国水系、气候、植被、物产等南北分界的基础。该地区保存着自震旦纪到第四纪完整的地质遗迹，区内有寒武纪地层保存最完整的地区之一（神农架林区），沉积岩、变质岩各类岩石遗迹齐全，构造节理、断层、褶皱等构造遗迹突出，记录着地质历史演变过程中大量的自然变迁信息。同时，在地质作用下，留下丰富的动植物化石、矿产资源以及多样的地质遗迹景观，包括角峰、槽谷、冰斗、冰坎、冰阶等冰蚀、冰碛地貌，褶皱和断层构造塑造的褶曲形迹，削山成峭等独特地貌，以及北方最大的喀斯特溶洞群。

二、文化价值

（一）历史深度——中华文明源脉

秦巴山脉区域有着完整的历史文化脉络，从史前遗迹到汉唐国都，再到宋元时期的军事要地，秦巴山脉区域始终是见证中国历史更替发展、各民族交流融合、中华文明演进的主要平台，是我国重要的古人类文化发源地、古代政治中心摇篮、核心价值思想源脉地及东方文明天然博物馆。

秦巴山脉区域内分布有距今204万年的巫山猿人以及郧县猿人、蓝田猿人、梅铺猿人、南召猿人、半坡人等众多古人类遗址。虽然观点不尽相同，但古人类学家和考古界还是普遍认为巫山猿人是中国乃至亚洲最古老的人类遗迹。区域内出土的史前遗存不仅时间久远、数量众多且分布范围广泛，在秦巴山脉区域形成了较为完整的古人类文化链条，是我国古人类文化最重要的发源地之一。

秦巴山脉区域是中华文明初创的根脉地。从中华民族始祖母华胥氏、创世神伏羲女娲、到炎黄部族逐渐融合形成华夏民族，秦巴山脉区域不仅是这些中华民族始祖活动的主要区域，更是华夏民族融合诞生、渐成规模的重要区域。区域内西安蓝田县华胥镇的华胥陵、天水的伏羲庙、宝鸡的炎帝陵等众多始祖文化古迹，向我们描绘了秦巴山脉区域中华人文初创时期久远而恢宏的史前画卷。

秦巴山脉区域作为先秦-隋唐五代十国时期的政治、文化、经济中心所在，始终是见证中华文明发展各重要时期的核心区域。西周以降，以周礼、周易等为代表，这里开始了中华文明发展的奠基期；春秋战国至秦诸子百家争鸣融合，为秦所用，遂统一天下，形成中华文明的集成发展期；汉唐盛世，高度繁荣、开放包容的时代特征形成了中华古代文明的辉煌期。这一时期丝绸之路自秦岭脚下向西开拓，华夏文明向四海延伸；佛教则传入中国，鸠摩罗什、玄奘等都曾在秦岭脚下的长安译经说法，佛教之六大祖庭诞于终南；楼观台、华山、武当山等则成为道教文化的重要区域（表 2-3）。

表 2-3　秦巴山脉区域主要历史文化资源梳理

时期	价值地位	代表性资源	主要分布地区
史前	华夏文明兴起发展的主要源头	重庆巫山人龙骨坡遗址、十堰市郧县人遗址、西安蓝田猿人遗址、梅铺猿人遗址、河南南召猿人遗址、华胥陵、伏羲陵、女娲陵、宝鸡炎帝陵、灵宝荆山黄帝铸鼎塬等	重庆巫山县，湖北十堰市的房县、郧阳区、郧西县，湖北襄阳市，陕西宝鸡市，西安市蓝田县、灞桥区，河南洛阳市、灵宝市等地区
周至秦汉时期	华夏文明主要奠基地	周原遗址、丰镐遗址、楼观台、八关都邑、嫘祖陵、褒斜道、秦咸阳城遗址、秦长城、拜将坛、汉长安城遗址、白马寺、白帝城、张骞墓、鹤鸣山道教石窟寺等	西安、洛阳、咸阳、宝鸡、重庆、汉中、天水、广元等地区
三国魏晋南北朝时期	军事要塞人文荟萃之地	汉中定军山、阳平关、汉魏洛阳故城、古隆中、南阳诸葛草庐、卧龙岗武侯祠、广元剑阁道、翠云廊、张飞庙、麦积山石窟、天水南郭寺等	汉中、洛阳、南阳、襄阳、广元、重庆、天水等地区
隋唐时期	中华文明的文化高地	隋大兴唐长安城遗址、隋唐洛阳城遗址、龙门石窟、大雁塔、大唐西市遗址、大慈恩寺、广化寺、华严寺、灵崖寺、南雅大佛寺、卧龙山千佛岩石窟等	西安、洛阳、汉中、重庆、绵阳等地区
宋元明清时期	文化勃兴之地	万寿八仙宫、南阳府衙、良公寺觉皇殿、金元故城遗址、武当山古建筑群、西安明城墙、汉中东塔、上津古城、荆州城墙、平武报恩寺、伏羲庙等	西安、洛阳、十堰、汉中、绵阳、荆州、天水等地区

（二）地域广度——多元文化交融

秦巴山脉区域西接西域、南临云贵、北靠中原、东望大海，地处陆地版图中心，伴随着朝代更迭成为我国不同地域文化、宗教文化、民族文化、社会经济、思想学说相互冲击、交流、融合、凝聚的重要区域，也是儒、释、道等中国核心思想的主要发展区域。作为我国古代近两千多年的政治文化经济中心所倚靠的巨大地理单元，其辽阔的地域范围、特殊的地理区位及历史地位，使得"多元融合"始终是秦巴山脉区域发展的主旋律。

地域的广度决定了秦巴山脉地域文化的丰富多样性。由于地处五省一市的交界区域，其与周边存在着多样的能量交换与文化沟通，从而形成了整体融合、局部多样的地域文化体系，包含中原文化、巴蜀文化、陇南文化、羌藏文化、荆楚文化等诸多类型以及史前文化、宗教隐逸文化、山水文化、红色文化等。

作为一个丰富多元、兼容并蓄的巨大文化生态圈，秦巴山脉区域与我国诸多重要的文化走廊——丝路文化走廊、藏羌彝文化走廊、黄河流域文化走廊、长江流域文化走廊等交织相连，具有极高的区域文化地位。

综合上述时间和空间两个维度，我们可以把秦巴山脉区域主要文化资源概括为如下重要构成：①古人类遗址及神话先祖遗迹；②周秦汉唐等历史古都脉络；③中华文明核心价值思想源脉；④东西方文明丝绸之路交流；⑤宗教祖庭圣迹；⑥隐逸山水与诗词书画；⑦古栈道与古战场遗址；⑧多元民族与多民族地域文化等。

（三）影响高度——东方文明基因库

在国家层面，秦巴山脉孕育了长安、洛阳等举世闻名的历史帝都与人类聚居地，是华夏文明的源脉地，中国古代政治中心的摇篮。从史前人类文化遗址，到伏羲女娲创世、炎黄部落融合的远古文明初创，再到周秦汉唐的盛世更迭，文明奠基昌盛，秦巴山脉孕育滋养了华夏民族的诞生成长，见证了周公制礼作乐、老子布道传经、儒学跻身庙堂正统，以及佛教祖庭林立终南等繁盛景象。秦巴山脉区域也是我国历史上几次民族大融合的关键区域，是承载各民族迁徙交流与融合发展的重要地带，为我国民族多元一体格局的形成奠定了稳定基础。秦巴山脉是中华民族的祖脉，堪称中华文化圣山。

在世界层面，秦巴山脉则是当之无愧的东方文化基因库以及中华文明开放展示的绿色窗口。在世界范围内，唯有阿尔卑斯山在自然与文化禀赋两方面与秦巴山脉相类似，但在文化价值影响力方面，秦巴山脉更具优势。秦巴山脉不仅直接孕育了中华文明的生长发展，而且得益于特殊的地理区位、绵远悠久的历史，以及历史上相对闭塞复杂的环境，秦巴山脉保持了丰富多元的文化体系真实性，使其成为难得的东方文化基因库。与此同时，丝绸之路从秦岭脚下开拓，汉唐盛名向四海传播，秦巴山脉区域成为当之无愧的中华文明的核心象征。

综上所述，秦巴山脉区域文脉绵远，是华夏民族的发祥地、中华文明的核心源脉地，多民族文化融合凝聚的枢纽区以及东西方文明的对话平台，具有中华文化圣山的崇高地位。对以秦巴山脉为标志的文化体系的保护传扬，对于增进中华各民族文化认同、坚定文化自信、建设文化强国有着重要的积极意义。

三、战略价值

秦巴山脉的战略价值需要统筹考虑山脉腹地以及外围环秦巴城市地区的综合影响。环秦巴城市地区包括成渝、关中平原、中原、长江中游四大城市群的全部和部分地区，以及洛阳、绵阳、十堰、宝鸡等诸多城市。就空间区位而言其具有"承东启西、贯通南北"的地缘优势，是我国实现"东西并重、多向开放、海陆统筹、南北贯通"的关键地区；就区域经济而言，其集结了成都、重庆、西安、郑州、武汉、兰州等多个中国内陆中心与省会城市，科教资源密集、高新技术产业蓬勃发展；就政策导向而言，其承担了"一带一路"西部城镇集群的形成及西向开放的国际窗口等重要使命。

（一）国土区位价值

1. 国土东西平衡关键地区

中国地理学家胡焕庸在1935年提出的划分我国人口密度的对比线，即从黑龙江省爱辉到云南省腾冲的胡焕庸线表明，该线东南方43%的陆地国土居住着94%的人口，以平原、水网、丘陵、喀斯特和丹霞地貌为主要地理结构，自古以农耕为经济基础；该线西北方人口密度极低，是草原、沙漠和雪域高原的世界，自古是游牧民族的天下。胡焕庸线划出两个迥然不同的自然和人文地域，在某种程度上也成为城镇化水平的分割线。这条线的东南各省区市，绝大多数城镇化水平高于全国平均水平；而这条线的西北各省区，绝大多数城镇化水平低于全国平均水平。

在国土空间方面，胡焕庸线表明了我国数十年来基本稳定的人口分布格局，也表明了相关城镇发展要素（生态、经济、社会、文化等）的聚集状态。中国陆地版图西部边陲的高原与荒漠地区，除以乌鲁木齐为核心的天山北麓地区能够形成区域层级的城市集群外，总体而言只能形成散点状的城镇分布。因此，如果说我国人口稠密地区的东部分布有长三角、珠三角、京津冀三大城市群，那么，我国人口稠密地区的西部，即胡焕庸线附近最有条件成为具有平衡意义城市聚集区的成渝城市群和关中平原城市群地区，若不能形成西向开放的增长极，则我国国土东西空间整体不平衡趋势就难以改变。

2. 我国"两横三纵"的"井"字中心

"一带一路"背景下，新的社会经济、科技文化等要素的关联性使得我国国土空间格局必然产生新的响应，国土"两横三纵"的"井"字形格局在动态变化的同时也被进一步强化。所谓"两横三纵"，即以陆桥通道、沿长江通道为两条横轴，以沿海、京哈京广、包昆通道为三条纵轴，以主要的城市群地区为支撑，以轴线上其他城市化地区和城市为重要组成的"两横三纵"城市化战略格局。"两横三纵"的城市格局将形成我国完善的城市网络群，其重要目标是在发展东部沿海地区的基础上增强中西部地区部分城市群的辐射吸引力，从而使国土空间格局更加均衡协调。在"两横三纵"发展模式的带动下，伴随交通沿线的城市圈将相应建设完善，东部地区的传统产业可以向西部转移，在产业转移和发展过程中，城市圈的发展将发挥重要的带动和辐射作用，以大城市的发展带动中小城市的发展。环秦巴城市地区恰恰位于"井"字形格局的中心环状地带，起着东西传递、南北统筹的重要作用，是中西部崛起发展、社会安全、维护国家安全稳定的关键地区。新的发展态势要求西部地区出现能够承担西向开放核心职能且具有国土平衡意义的城市集群,并成为引领西部大开发形成新格局的核心引擎,成渝关中协同发展构成的城市集群正是这一职能责无旁贷的承担者。通过成渝关中协同发展城市集群的构建,形成胡焕庸线附近的强大增长极,并通过兰西城市群、贵阳昆明地区,辐射带动广阔西部,成为我国双循环格局、西向开放的关键地区。

(二)国土空间价值

1. 多个国土空间战略叠加区

秦巴山脉涉及的五省一市中,甘肃、陕西、四川、重庆四省(市)属于西部地区,河南、湖北两省属于中部地区,分别属于西部大开发战略和中部地区崛起战略省份;甘肃、陕西、河南三省属于丝绸之路经济带核心地域,四川、重庆、湖北属于长江经济带范畴。特殊的区位条件,造就秦巴山脉北接丝绸之路经济带、南联21世纪海上丝绸之路,东跨长江经济带的战略区位。此外,秦巴山脉周边分布有成渝城市群、关中平原城市群、长江中游城市群、中原城市群等中西部主要城镇聚集区,对我国东西部平衡发展、"一带一路"、长江经济带等国家战略相互衔接具有特殊的空间区位价值。

环秦巴城市地区是衔接长江流域和黄河流域高质量发展的重要枢纽。环秦巴城市地区北缘联系兰州、西安、郑州等黄河流域重要中心城市,是未来支撑黄河流域生态保护和高质量发展的核心支点;其南缘联系长江经济带中部支撑城市——重庆、武汉,是长江经济带的重要组成部分。未来环秦巴城市地区将成为长江流域与黄河流域经济发展联系的衔接枢纽,也是协同长江流域和黄河流域生态建设的重要纽带。

2. "一带一路"转换枢纽

"一带一路"倡议即丝绸之路经济带和21世纪海上丝绸之路的合作倡议,依靠中国与有关国家既有的双多边机制,借助既有的、行之有效的区域合作平台,共同打造政治互信、经济融合、文化包容的利益共同体、命运共同体和责任共同体。"一带一路"贯穿亚欧非大陆,联系东亚经济圈和欧洲经济圈,中间广大腹地国家的经济发展潜力巨大。丝绸之路经济带重点畅通中国经中亚、俄罗斯至欧洲;中国经中亚、西亚至波斯湾、地中海;中国至东南亚、南亚、印度洋。21世纪海上丝绸之路重点方向是从中国沿海港口过南海到印度洋,延伸至欧洲;从中国沿海港口过南海到南太平洋。

从空间区位关系看,环秦巴城市地区北接丝绸之路经济带的枢纽区(西安、兰州),向西联系丝绸之路经济带向西亚、欧洲开发的门户区域(新疆);南连长江经济带中部支撑区(重庆、武汉),向南通过贵阳联系昆明、南宁两大海上丝绸之路桥头堡。因此,环秦巴城市地区具备连接丝绸之路经济带、长江经济带、海上丝绸之路的区位条件,是"一带一路"的转换枢纽平台。

可见，环秦巴各城市群不仅区位条件特殊，发展基础雄厚，是我国中西部人口稠密地区的潜力增长区，同时更是未来带动中西部地区发展、支撑我国东西双向开放的关键地区。

（三）国土安全价值

1. 我国科技资源密集区，创新优势显著

秦巴山脉区域是我国科技资源密集区，具有显著的特色创新发展优势。秦巴山脉区域曾是我国三线建设时期的战略大后方，一大批航空、航天、电子工业、机械工业企业和科研院所布局在该区域，形成重要的科研教育资源和制造能力。所涉及的 34 个地市中，不仅在西安、成都、郑州、武汉等相对发达的中心城市聚集了大量科技资源，而且在汉中、宝鸡、商洛、德阳、绵阳、十堰等地级城市中，也拥有一批具有相当实力的专业技术研究机构和相关企业。目前秦巴山脉区域仍是我国重要物资生产和科学研究的重要区域。无论是在人才、产业、科研设施等基础条件方面，还是在政策优势方面，该区域板块在区域融合协同创新领域均具有不可替代的优势条件，能够成为特色创新绿色发展的关键示范地区。

2. 我国总体安全要地，地缘纵深价值突出

当前，珠三角、长三角、京津冀等东部沿海地区已成为我国的经济发展重心，在新的国际形势背景下，国家发展的引擎地区需要增加西向战略纵深，这也是双循环格局、西向开放的战略需求。大秦岭位居国土中部，自古是安全要地，也是三线建设地区，大秦岭区域总体安全属性十分突出。我国需要充分释放大秦岭地理区位安全优势和创新发展潜力，在周边城市地区特别是胡焕庸线附近的成渝-关中城市群地区形成强大的经济发展安全支撑能力，为广大西部的稳定与发展、"一带一路"建设发挥核心引擎的作用。因此，秦巴山脉区域的中心区位特征，使其对国家产业经济布局、双循环新格局、西向开放、地缘格局等整体安全的强化保障与核心储备作用更加凸显。

第三节　问题再分析

一期研究认为秦巴山脉绿色循环发展面临的突出问题是生态保护与社会发展之间的突出矛盾所导致的生态保护压力过大。区域内局部地区存在粗放式开发导致生态系统退化与环境质量下降问题。部分物种的栖息地破碎化情况严重，给这些珍稀濒危物种的保护工作带来了相当大的挑战。此外，区域生态保护还面临小水电开发、矿产开采、化工冶炼、城乡人居环境建设等多方面威胁。二期研究在一期研究的基础上，从生态问题、人地关系、区域协同三方面进一步剖析秦巴山脉绿色发展中存在的突出问题。

一、生态产品价值转换不足

现有的生态补偿模式难以充分调动相关方的参与积极性；文化地位与资源禀赋不匹配，文化完整性面临威胁，旅游经济发展滞后；秦巴品牌模糊，产品挖潜不足；此外，生态产权制度、生态产权交易制度等机制滞后，均是导致秦巴山脉呈现经济洼地的重要原因。

一是优质生态产品的生产供给能力不足。作为中华生态源地的秦巴山脉腹地，拥有优质的生态资源，但经济发展水平相对落后。虽然2015年其生态系统生产总值占全国的5.38%，但由于经济落后，生态资产的价值转化实现方式缺乏，且局部地区存在粗放式开发使得生态系统退化与环境质量下降问题，导致优质生态产品供给能力不足。

二是现有生态补偿模式难以充分调动相关方的参与积极性。截至2015年，秦巴山脉腹地有52.5%的县为国家重点生态功能区，67.78%的面积在全国生态功能区划中属于重要生态功能区，主要的财政补贴来源于国家以中央财政转移支付方式对这些区域进行的生态补偿。生态补偿是公共性生态产品价值实现的重要方式和途径，我国现有生态补偿是以政府为主导的补贴式生态补偿，缺乏稳定常态化资金渠道，多由相关国家部委分头实施和管理，采用生态保护规划、工程建设项目、居民补助补贴的形式，不利于地方政府总体考虑地方生态保护、民生改善、公共服务等需求统筹安排生态补偿经费使用，且容易产生挤占或挪用生态补偿资金的情况，使生态补偿资金不能集中力量办大事，大大降低生态补偿的效果。原有补贴式、被动式、义务式的生态补偿方式因不能解决农户生计问题，不能充分调动起农民主动开展生态保护的积极性，造成大部分农户一方面接受国家的生态补偿，另一方面仍以原有不合理的方式开展经营，导致一方面国家投入巨额生态补偿资金用于改善农户生活，而另外一方面，生态补偿的成效大打折扣。

三是生态产品价值实现的机制体制创新亟待加强。秦巴山脉腹地生态产品潜在价值高、生态产品实现基础好，但目前缺乏保障生态产品价值实现的有效机制体制。生态产品的公共属性与市场实现机制之间的矛盾是一个世界性的难题，也是一项涉及政府、企业、个人的复杂工程，需要在法律政策、领导组织、机构设置、财税制度、市场机制等方面做出一些重大变革。一是生态产权制度建设尚处在初步探索和试点实践阶段，如何落实集体所有权、稳定承包权、放活经营权，现行法律法规尚没有做出规定；生态产权交易的立法进程仍然落后于交易实践，节能量、碳排放权、排污权和水权四大权属交易在明确权属、摸清底数、查清边界、发放权属证、确定经营管理模式等方面缺乏足够的政策保障。二是生态保护补偿立法相对滞后，从目前全国各地的生态补偿实践来看，部分地区已制定了生态补偿相关办法，但更多地区因生态补偿机制缺少足够的法律基础，生态补偿的范围仍然偏小、标准偏低,保护者和受益者良性互动的政策保障机制尚不完善,在一定程度上无法对各利益主体构成严格约束,影响了生态补偿措施行动的成效。

二、人地矛盾依然突出

秦巴山脉区域自然资源环境区域差异较大,随地形变化的特征比较明显,地形呈西北高、东南低之势,空间越邻近地形复杂的山区腹地,水资源越丰富、生态越重要,而土地资源越贫乏、地质灾害发生率越高;空间上越靠近外围平原或盆地地区,地形越平缓,水资源和生态资源相对贫乏,地质灾害少,土地资源则相对丰富。

截至2015,秦巴山脉区域可利用的土地资源为2874.35万亩[①],人均可利用土地资源仅为0.49亩,可利用土地资源比较缺乏。由于秦巴山脉区域地形以山地为主,因此耕地可利用的土地资源较少,现有耕地资源主要为15°以上的坡耕地,部分区域坡耕地比例高达50%以上。秦巴山脉区域土地资源的丰富程度与地形地貌关系较大,可利用土地资源缺乏的县主要位于海拔坡度较大的陇南山区、丹江中上游地区以及巴山东段的三峡库区核心地带,土地资源相对丰富的区县主要处于土地相对平坦、人口较少的秦巴北麓、豫东地区和徽成盆地区域,汉中盆地、商丹盆地虽然相对平坦,但由于人口总量较大,总体比较缺乏。

秦巴山脉区域生态环境相对敏感,面临的环境污染风险加剧。秦巴山脉区域约有2/3的国土属于生态主体功能区中的限制开发区和禁止开发区。区内存在原发性的挖沙、开矿等无序掠夺式行为,汉江等河流沿线废水排放污染现象依然存在,丹江口库区及上游地区农村生活污水处理问题突出,导致局部水体富营养化。截至2015年,区域内尾矿库共1100余座,其中700余座位于水源区。小流域水质污染问题较突出,水土流失面积占区域总面积的23%。受复杂的地质构造、深大断裂及强烈的流水侵蚀、新构造运动等内外地质作用的影响,突发性滑坡、崩塌、泥石流及地面塌陷等地质灾害的发生概率很高,破坏力极强,加之陕南地质环境脆弱、气候变化及人类工程活动频繁,以崩滑流为主的地质灾害数量多、分布广、密度大、频次高、危害严重。同时,人类工程活动的加剧进一步恶化了该区地质灾害发育条件,导致地质灾害的危害程度日趋严重。据不完全统计,截至2015年,陕南地区受威胁对象共15 148户,251 971人,165 701间房,直接经济损失高达21.56亿元。一些重大的地质灾害(北川、汶川地震,舟曲、岷县特大泥石流灾害)均发生在秦巴山脉区域。

秦巴山脉区域人地系统耦合协调度在2000~2010年持续下降,在2010~2015年开始稳步回升,说明前十年尽管全域经济社会指标普涨、生态环境恶化能被有

---

① 1亩≈666.67平方米。

效控制在一定范围内,但人地系统的协调发展状态并不理想,反而出现退化,直到 2010 年左右全面贯彻生态文明建设和可持续发展国家战略,生态保护策略得到进一步实施以后,秦巴山脉区域人地系统协调发展程度才开始出现回升,人地关系开始向好的方向发展。

三、区域协同水平相对较低

一是区域内部发展差距过大,中心城市的辐射带动作用偏弱。环秦巴山脉区域板块所涉及的 22 个地市中,截至 2015 年,超过 2/3 地市的人均地区生产总值低于全国平均水平,最低地市的人均地区生产总值仅相当于全国平均水平的 20% 左右。从人均地区生产总值的相对差距来看,最高与最低之比约为 9.3,高于京津冀(最高/最低约 4.37)和东北地区(最高/最低约为 4.63)区域内部的发展差距。与相对发达的区域板块比较,环秦巴城市地区不仅经济发展的总体水平落后,区域内相对发达的中心城市对其他地区的辐射带动作用并未得到充分的发挥,并出现了相对集中的落后地区。从整个区域的产业布局来看,区域内产业多数处于价值链中低端,地区产业结构相似度较高,地区之间尚未建立起有效合理的产业分工。

二是区域内城镇体系结构失衡,极易导致虹吸效应的加剧。从环秦巴城市地区人口空间分布来看,城镇体系结构极为不平衡,既有超大城市,也有城镇化水平非常低的地区。在所比较的 34 个城市中,仅有 6 个城市市区人口占城市常住人口的比重超过 50%,25 个城市的占比低于 30%,形成了经济发展水平较高的大都市与发展水平较为落后的"大农村"高度分化的体系结构。从长期来看,这种失衡的城镇体系,一方面会持续推动资源要素向区域内的大城市集聚,加剧"大城市病",不利于大城市的可持续发展;另一方面,也会导致落后地区进一步陷入发展困境,与经济发达地区的差距越来越大。此外,大量人口集聚在非市区的地区,就业与居住地不断分离,不仅会对通勤交通和生态环境产生较大的压力,也会造成地区之间财政能力和公共服务供给能力的分化加剧,不利于该区域的可持续健康发展。

与京津冀、长三角、珠三角等区域板块相比,环秦巴城市地区不仅区域内部存在更加显著的发展差距,整体工业化、城镇化水平也都相对较低,成为我国整个区域发展中的"塌陷"地区。随着国家整体发展阶段向中高收入迈进,每个相对落后的地区加快发展的诉求都非常强烈,需要更高层面(如国家层面)的协调,才能实现地区之间的协同发展。从国际、国内不同地区的发展经验来看,越是在贫困落后的地区,地区之间的同质竞争就越明显,而且由于自身发展能力的限制,竞争更多集中在资源密集型、附加值较低的初级产业领域,不仅使得资源要素的整体空间配置效率降低,而且会导致生态环境难以实现良好的治理。因此,环秦巴城市地区的发展必须走协同发展之路,即通过对不同地区在国家层面和区域层面功能定位的优化和细化，使得各地区的产业发展和增长路径更加多元化，地区之间形成更加精细化、差异化的分工协作关系，释放"1+1>2"的协同发展效应，从而实现更加包容、更加均衡、更加协调和可持续的高质量发展。

四、文化价值展示与利用不足

随着我国社会、经济、文化建设发展水平的不断提高，秦巴山脉区域文化建设也获得重要的支撑，特别是近年来文化旅游产业的快速发展为秦巴山脉区域文化传播发挥了积极的推动作用。但总体而言，秦巴山脉区域巨大的文化价值与人们实际的感知并未对等，秦巴文化的整体影响力和知名度也并未形成，跨地域文化资源缺乏整合展示，具有世界遗产价值的文化资源难以进行联合申报等问题突出。其缘由固然有文化资源挖掘不深、文化产品体验不足、文化产业发展不强以及文化展示营销不够等方面的因素，但秦巴地域的广阔性、文化资源的分散性、文化信息的碎片化、文化标志的模糊感以及区域协同薄弱等因素，无疑是人们对历史文化脉络认识不清，对深远历史文化价值感知不强的重要原因。因此，我们亟须突破行政管辖壁垒，增强区域间的协同发展，在秦巴山脉生态保护格局的基础上，构建具有突出文化标识统领性且能够协同整体的区域文化展示空间架构，并将其与区域国土空间保护及开发利用相结合、与文化旅游产业和景区景点及城乡建设发展相结合，以展现秦巴山脉区域文化内涵与价值。

以上问题的原因多样，但分属多个省市管辖的秦巴山脉区域之间协同发展欠缺，行政壁垒阻滞等是核心问题之一。一期研究已经对协同发展进行必要的展开，二期研究对此进行特别关注，对秦巴山脉区域的协同发展进行重点分析。

第三章

借鉴与分析

第一节 理 论 借 鉴

一、人地关系理论

人地关系是人文地理学的经典理论,也是关系人类与自然环境协同发展的基础理论。人类和自然环境是长期相互依存、相互制约的两大因素,一方面自然环境为人类提供生存条件,另一方面人类环境又反过来影响自然环境。人地关系反映的是人类与生态环境持续相互作用形成的共处关系[1],良好的人地关系应当是人类经济活动与生态环境承载力相匹配的平衡状态。人地关系理论包括人地关系调控理论、人地关系危机理论、人地关系目标理论等。人地关系调控理论中的人地关系协调理论是研究人地关系的协同机制,寻找人地关系协调的机制、过程和条件,探索人类社会发展与环境协调的途径,使人类活动既符合自然演替的规律,又符合社会经济发展的规律,最终使人类活动与自然环境达到相对协调与优化的状态。自然演替若出现逆向演替会给人类社会带来灾难性影响。工业化社会以来,人类活动在人地关系中的地位与影响愈加突出,自然生态系统已对人类高强度以及无序的开发建设产生了极端回应。应在自然生态系统承受能力限度内,对其进行合理有序的开发利用,以保证自然生态系统顺向演替。根据不同的地域空间进行不同的功能定位,从根本上调控人地关系。人地关系地域系统是中国人文和经济地理学的核心理论,以协调人地关系为目的,从空间结构、时间过程、组织序变、整体效应、协同互补等方面去认识和寻求全球的、全国的或区域的人地关系系统的整体优化、综合平衡及有效调控的机理,为有效地进行区域开发和区域管理提供了理论依据[2]。协调人地关系,目的就是要达到可持续发展,人地关系地域

---

[1] 李小建,文玉钊,李元征,等. 黄河流域高质量发展:人地协调与空间协调[J]. 经济地理,2020,40(4):1-10.

[2] 吴传钧. 论地理学的研究核心:人地关系地域系统[J]. 经济地理,1991(3):1-6.

系统研究可作为区域可持续发展的理论基础。

国土空间规划中划分的生态空间、农业空间、城镇空间，其本质反映了人类生活空间与其紧密相关的生态空间、农业空间等自然环境之间的共处关系，其规划本质诉求是希望通过"三生空间"（生产、生活、生态空间）的划定，限定人类活动的施压强度上限，管制开发强度，保障人类发展在自然环境的承载能力阈值内开展，以最终实现人类与自然环境的平衡共处。

二、协同学理论

"协同"一词起源于我国《汉书·志·律历志上》："咸得其实，靡不协同。"含义是协调一致，和合共同。1971年德国物理学家哈肯从系统工程学的角度提出了"协同理论"（synergetics），认为自然界和人类社会的各种事物普遍存在有序、无序的现象。一定的条件下，有序和无序之间会相互转化，无序就是混沌，有序就是协同。协同效应是协同作用而产生的结果，是指复杂开放系统中大量子系统相互作用而产生的整体结构效应或集体效应。

20世纪90年代中后期，"协同"的发展理念开始在欧美一些发达国家的区域发展中应用。例如，德国在1999年区域规划政策调整中强调要加强基于城市分工网络的区域合作，创造发展的协同效应。美国在2000年针对落后地区和萧条地区的发展政策中也改变了传统的政策思路，强调要以整体系统性的方法促进上述地区的发展，与知识经济相适应，通过产业的协同、组织的协同促进区域发展。综合有关的协同学理论和各国区域协同发展的实践经验，可以从三个维度理解区域协同的内涵：①"协同"是指区域系统中各子系统之间相对稳定的一种关系状态。区域协同不仅包括空间层面的协同，也包含其他维度层面的协同。空间层面的协同又包括地理邻近地区的协同和非毗邻地区的协同。②"协同"是区域经济发展的目标状态之一。从系统进化理论来看，每个系统都处于由简单向复杂、无序向有序、封闭向开放、简单组合向聚合进化的过程。"协同"是区域经济系统向更"稳定"、更"健康"状态演化进程中的目标状态。③"协同"是实现区域协调发展总体战略目标的新路径。从国际经验来看，"协同"不仅是区域发展的一种状态，也被作为实现更加包容、更加均衡、更加协调的区域发展的新思路或者新路径，即通过对不同子系统（地区）功能结构的优化，以及子系统之间更加精细化、差异化的分工协作，形成"1+1>2"的协同效应。与传统区域经济发展思路相比，区域协同发展更强调不同类型地区发展路径的多元化、差异化，不同地区之间动态的熵平衡以及不同地区之间的深度合作。

三、天人合一思想

天人合一观念是中国传统哲学的重要起点，中国古代人敬畏自然，梦想天下大同，故而先哲提出天人合一，即做到与自然、社会、他人以及自我的身心内外相和谐，才可称为"圣人"，从而实现天人合一的大同社会。庄子是推进天人合一哲学思想形成的重要人物，并由此构建了中华传统文化的重要内核。庄子认为人是自然的一部分，他认为天与人是统一的，追求一种"独与天地精神往来"（《庄子·杂篇·天下》）、"天地与我并生，而万物与我为一"（《庄子·内篇·齐物论》）的天人合一的精神境界。宇宙自然是大天地，人则是一个小天地。人和自然在本质上是相通的，故一切人事均应顺乎自然规律，达到人与自然和谐。老子说："人法地，地法天，天法道，道法自然。""天"代表"道""真理""法则"，老子所提倡的是人应当尊重天，不应当以人的行为擅自影响自然的规律，这是不容置疑的，是顺应天道。天人合一思想被老子转化阐释为"道"，"道"就是"一"，以"无为"顺应自然。只有这样，才能顺应自然的规律，以"无为"达到"无不为"的境界，真正地与"天"合而为一。天人合一不仅仅是一种思想，更是一种状态。

天人合一最原始的理论内涵是在天的视域下人如何安身立命以修身，随着认识的深入，人们逐步地意识到人与天的对立性，也逐步深化了天为自然之天，并不具有以往强烈的神话色彩。古人关于人与天的关系从目前的角度看，正是人与自然的关系。正视天人关系，探究人与自然的发展问题，是人类文明进步的体现，是人类为人类自身生存做的深度思考。天人合一的当代价值体现在"和谐"。数千年来人们对这种思维模式"孜孜不倦"地追求所希望实现的也正在于此。在天人合一的视域下，人与自然、人与社会、人与人甚至人与自身的发展要和谐，从这四大角度出发，权衡古今，辩证理解天人合一的本质，也就得出"和谐"这一重要的命题。

如何在当今社会真正地实现天人合一，做到"物我一体"，把人与自然平等地放在同一地位上，不仅仅是一个哲学性的讨论，更是一个关乎人类与自然未来发展甚至生死存亡的关键性决策。传统的天人合一思维模式，在整个中国哲学的各个方面均有体现，无论是儒家思想的"为仁由己""仁者爱人"还是道家的"天地与我并生"，抑或《中庸》中关于"和"的解释，都不约而同地反映了这一主题：以人为本，关爱自然。人作为社会的一部分，作为认识自然和改造自然的主体，在进行人类生活的过程中，必须接触自然、接触社会，并且不能脱离这个组织，否则将无法继续生存，在此过程中，如何端正态度，摆明立场，采取怎样的一种态度面对上天恩赐给我们的自然环境，都应该认真思考。

四、共生理论

"共生"（symbiosis）一词来源于希腊语，由德国真菌学家德贝里在 1879 年提出，最早起源于生物学的研究，在漫长的生物演化过程中，生物与生物之间的关系逐渐变得复杂。出现了两种生物在一起生活的现象，这种现象统称为共生。在生物界，生物之间不仅存在着环环相扣的食物链，而且也存在动物之间的相互依存、互惠互利的共生现象。许多共生关系最开始也许只是兼性共生，在经历了长期进化之后，这些生物会变得越来越依赖共生关系，因为共生特征在优胜劣汰的自然选择中具有强大的优势。最终，共生双方将完全依靠共生关系获取食物、居所、酶等生存资料，这是两个生物体之间生活在一起的交互作用，彼此互利地生存在一起，缺此失彼都不能生存的一类种间关系，是生物之间相互关系的高度发展。生物学界在不断的研究总结和实践中补充共生的概念使得其有一个清晰的论点：共生是指不同物种依靠某种物质联系并相互依存[1]。

我国越来越多的学者将共生理念融入自己的研究领域，从社会大系统角度讲，共生普遍存在于社会大系统中，是区域系统功能最优化、成本最小化、效益最大化的动态与持续的共赢、共振状态。区域是一个典型的多重关联的政治、经济、社会复杂大系统，区域共生指区域单元与要素间相互联系、相互影响、相互牵制、相互促进、相互嵌套的互动、共赢状态，是一种系统组织、社会组织与经济组织现象[2]。而在区域协同合作中，区域各单元之间存在着相互促进、相互制约的关系，这种关系涉及社会、自然、文化、经济等领域，它类似于生物学上研究的共生系统，所以越来越多的研究者，将共生思想融入区域研究当中，试图探索影响区域协同发展的各要素之间的内在关联，以此来解决区域发展中的不平衡、不同步、不协调与不合理等问题，从而促进区域和谐发展，达到共赢共生的目的。

五、复杂性科学

复杂性科学被认为是 21 世纪的新科学。其突出特征是摆脱已经取得伟大成就的传统科学还原论的制约，从整体层面重新认识事物的复杂性，建立定性判断与定量计算相结合，微观分析与宏观综合相结合，还原论与整体论相结合，科学推理与哲学思辨相结合[3]的新的科学思想与方法体系。尽管复杂性科学还处于初期发展阶段，但是其突出成果的累积已经十分丰富，从早期的系统论、信息论、控制论、运筹学，到耗散结构理论、协同学、突变论、超循环理论、分形理论、混沌理论等，为复杂性科学赢得坚实的地位与基础，不仅产生了许多开创性的科学家，而且形成了圣菲研究所等众多致力于复杂性科学研究的机构。

复杂性科学突破了传统科学研究的领域，直面客观世界的复杂构成与现实问题，使得如社会科学层面的问题凸显出更具复杂性科学研究的含义和价值。钱学森对复杂性科学进行了卓有成效的研究，提出了复杂巨系统等分类体系，进而对

---

[1] 杨怡. 基于共生理论的武汉城市圈旅游多中心协同发展研究[D]. 昆明：云南财经大学，2017.
[2] 朱俊成. 基于共生理论的区域多中心协同发展研究[J]. 经济地理，2010，30(8)：1272-1277.
[3] 成思危. 试论科学的融合[J]. 自然辩证法研究，1998，14(1)：1-6.

包括社会体系在内的多类复杂巨系统进行了研究。秦巴山脉区域是典型的复杂巨系统，包括山脉体系等自然系统，也包括社会、经济等人文系统，传统的研究方法难以应对这一复杂的多系统对象。以复杂性科学研究思想为方法引导，从自然山脉与人类系统的整体性入手，结合系统分析与传统量化研究，进而得出融贯综合的成果，应该是解决秦巴山脉区域这一复杂巨系统相关问题的科学途径。

第二节 经验启示

一、《阿尔卑斯山公约》

阿尔卑斯山脉位于欧洲中南部，覆盖了意大利北部、法国东南部、瑞士、列支敦士登、奥地利、德国南部及斯洛文尼亚。长 1200 千米，宽 130~260 千米，平均海拔约 3000 米，总面积大约为 22 万平方公里。就阿尔卑斯山的保护来说，由于阿尔卑斯山覆盖了多个国家和地区，在发展过程中涉及多方利益的协调，跨国机构和国际组织由此孕育而生，最具代表性的有《阿尔卑斯山公约》将欧盟及八个国家（奥地利、德国、法国、意大利、列支敦士登、摩纳哥、斯洛文尼亚和瑞士）协同起来，通过实施各项协议和宣言，在阿尔卑斯地区超越国界，打造了本区域独特的品质和特点。

二、五大湖城市群

北美五大湖是世界最大的淡水湖群，即北美洲的苏必利尔湖、密歇根湖、休伦湖、伊利湖和安大略湖等五个相连湖泊的总称，有"北美大陆地中海"之称。五大湖城市群分布于五大湖沿岸，从芝加哥向东到底特律、克利夫兰、匹兹堡，并一直延伸到加拿大的多伦多和蒙特利尔。美国的"钢铁城""汽车城"都在这里，是世界上六大城市群之一。钢铁集中在匹兹堡，汽车集中在底特律及周围地区，是一个巨大的世界工厂，对美国的西部大开发和城市群演进发挥了重要作用。然而，五大湖孕育了五大湖城市群，城市群的无底线发展却对五大湖的环境造成了极大破坏，如当地有机化工和冶金工业得到大力发展，导致大量重金属和有毒污染物质进入水体。汽车普及造成含铅废气排放量的增加，化肥、杀虫剂的广泛使用，也加剧了五大湖的水污染。所有这些，为城市发展留下了多方面的经验教训。如今的五大湖区城市群已没有了往日的辉煌，五大湖的治理工作也有序进行，美国和加拿大于 1972 年签署了《大湖水质协议》，并于 1987 年和 2013 年进行了两次修订，形成了保护与治理的跨区域协作共识。五大湖与城市群的关系和秦巴山脉与周边城市地区的关系有相似之处，五大湖与城市群的发展历程也为秦巴山脉区域的保护与发展提供了重要启示。

三、兰斯塔德城市群

兰斯塔德地区是位于荷兰西部,由阿姆斯特丹、海牙、鹿特丹和乌得勒支四大核心城市及阿尔梅勒、代尔夫特、多德雷赫特、豪达、哈勒姆、希尔弗瑟姆、祖特尔梅尔、武尔登及阿尔芬九个小城市组成的多中心都市群。兰斯塔德绿芯是被城市群环绕的绿色开放空间,位于兰斯塔德都市群中央,约 400 平方公里的农业用地构成绿芯的主体空间。为保护中央绿芯并协调绿芯周围城镇发展,建立了国家、省和市镇政府主导,企业和公众参与的区域协调组织,共同参与区域政策制定和实施;成立了非政府和政府组织的区域性联合机构,包括绿芯筹划指导委员会、兰斯塔德委员会、绿芯平台等。

兰斯塔德地区协调机制是在区域内各城市空间联系的基础上实现的。政府通过国土规划合理划分功能区,通盘考虑产业空间布局,以形成区域间错位发展、功能互补的产业分工网络。兰斯塔德地区的城市之间通过快速交通网络有机连接起来,围绕绿芯呈环状分散布局,从而形成了多中心分散化的城市网络和工业区、农业区、都市区、生态区合理布局的功能区网络。

四、渤海湾及环渤海经济圈

环渤海地区包括京津冀、辽中南和山东半岛三大城市群,环渤海经济圈可直接带动河北、辽宁、山东的高质量发展,发挥环渤海地区港口、产业、科技等方面优势,加快环渤海经济圈开发建设,实现新旧动能转化和经济发展方式转变,对提升北方经济增长质量具有重大意义。这是海洋生态与临海经济平衡发展,三大城市群协同打造临海创新经济圈的实践探索,对秦巴山脉区域生态保护与城市发展具有借鉴意义。

环渤海经济圈协同发展具有较好的先天条件,在产业项目、基础设施、生态环境等多个领域的合作已经取得了一定进展。首先,环渤海地区各省区市比较优势明显。北京的科技、文化及金融业,天津的先进制造业,河北的重化工业,山东的海洋经济,辽宁的装备制造,山西和内蒙古的能源工业等都在全国具有优势地位,这为区域合作提供了较好的基础。其次,环渤海地区呈现出显著的发展梯度差异,不同的发展梯度为区域合作提供了可能。发展梯度差异减少了区域内部的同质恶性竞争,有助于各地区形成与各自发展阶段相适应的发展模式和合作模式。最后,已有的协调机制为深化合作积累了经验。环渤海地区合作呈现出加快发展的势头,合作领域不断扩大。从单纯的经济领域向基础设施、能源资源、民生保障、生态环境等多领域综合拓展,合作机制不断完善。相关省区市之间签署了合作框架协议或备忘录,召开了多次研讨会、座谈会和联席会,形成了《北京倡议》《国际商协会京津冀区域合作廊坊共识》《天津倡议》等一系列协议和文件。

五、长株潭生态城市群

长株潭城市群位于湖南省东北部，是湖南省经济发展的核心增长极，包括长沙、株洲、湘潭三个城市。三市在地理位置方面具有极高的紧密性，而社会、经济等方面也是湖南省域的重要支撑。长株潭城市群总面积为2.8万平方公里，人口1408万人。在长株潭三市接合部，间隔有大面积的生态绿地，形成独具特色的城市群绿心，总面积约为523平方公里。为切实保护好长株潭生态绿心[①]，湖南省委省政府于2011年和2013年颁布实施了《长株潭城市群生态绿心地区总体规划（2010—2030）》和《湖南省长株潭城市群生态绿心地区保护条例》，将绿心空间划分为禁止开发区、限制开发区和控制建设区。长株潭生态城市群建立了现代化生态型产业支撑体系，三个城市形成互补的产业格局，城市群绿心成为长株潭城市群产业重构、发展生态性服务业和休闲旅游业的重要载体。长株潭城市群在生态城市群建设与绿心保护方面的政策探索对秦巴山脉区域生态保护与城市发展具有借鉴意义。

六、长江三角洲区域城市群

长江三角洲地区是我国经济发展最活跃、开放程度最高、创新能力最强的区域之一，在国家现代化建设大局和全方位开放格局中具有举足轻重的战略地位，包括上海市、江苏省、浙江省、安徽省全域，面积35.8万平方公里。长江三角洲地区在区域协同方面取得的以下成效值得借鉴。第一，区域创新能力强。在电子信息、生物医药、高端装备、新能源、新材料等领域形成了一批国际竞争力较强的创新共同体和产业集群。第二，开放合作协同高效。拥有通江达海、承东启西、连南接北的区位优势，口岸资源优良，国际联系紧密，协同开放水平较高。统一市场体系联建共享，"一网通办""最多跑一次""不见面审批"等改革成为全国品牌。设立了长三角区域合作办公室，建立了G60科创走廊等一批跨区域合作平台，三级运作、统分结合的长三角区域合作机制有效运转。第三，区域交通与重大基础设施已基本实现互联互通。省际高速公路基本贯通，主要城市间高速铁路已有效连接，沿海、沿江联动协作的航运体系以及区域机场群体系基本建立。区域电力、天然气主干网等能源基础设施以及防洪、供水等水利基础设施系统相对完善。第四，生态环境保护防治联动机制较为完善。新安江流域生态补偿经验，空气、水、土壤污染联防联治联动机制等已逐渐在全国范围内推广。第五，公共服务跨区域协作共享。依托名牌高校成立了4家跨区域联合职业教育集团，形成了覆盖长江三角洲区

[①] 长株潭城市群的生态绿心强调城市群的绿色生态区的中心区位，因此使用"绿心"表达，本书中提到的"绿芯"与"绿心"不同，更强调生态区的绿色创新驱动力，因此使用"绿芯"表达，二者在表意上有所侧重和不同。

域 30 个城市、112 家三甲医院的城市医院协同发展联盟成员，养老服务协商协作机制初步建立，跨区域社会保障逐步便捷。第六，城镇乡村协调互动。大中小城市协同发展，城镇各具特色，城镇之间联系密切，同城化建设水平较高。

七、小结

秦巴山脉区域生态涵养与环境保护举措的实施需多省市联合统一，形成共识，并在国家层面建立统一的行动机制。秦巴山脉区域的保护与发展是目标，环秦巴城市地区的联合统一、战略共识、携手合作是保障目标实施的必要手段。

与阿尔卑斯山、五大湖和环渤海湾一样，秦巴山脉区域是典型的既要生态保护又要经济发展、包含多个城市群的生态-城市平衡发展区。秦巴山脉区域承担着南水北调中线工程水源供给、生物多样性保护、三峡库区生态建设等重大任务，是位于国土中央的生态高敏感区，具有极其重要的生态地位。习近平总书记就秦岭生态保护有重要指示批示："保护好秦岭生态环境，对确保中华民族长盛不衰、实现'两个一百年'奋斗目标、实现可持续发展具有十分重大而深远的意义。"[①]生态资产价值评估显示，秦巴山脉区域是生态高地、经济洼地。只有践行习近平生态文明思想，找到一条既能实现生态保护又能促进地区发展的创新路径，真正将绿水青山转化为金山银山，才能从根本上破解困境，避免出现北美五大湖生态环境遭到周边地区发展性破坏的类似问题。相较于阿尔卑斯山，秦巴山脉区域的保护则单纯得多，仅仅牵涉我国内部省市行政协调问题，可以借鉴《阿尔卑斯山公约》，由国家层面引导形成跨行政区域的可持续发展共同体，加大对秦巴山脉自然环境和文化完整性的保护，并促进周边城市地区的协同发展。同时需在五省一市设立相应机构，负责协调地方平行部门之间的关系，从而落实秦巴山脉区域体系的长效发展。

第三节　秦巴山脉区域协同发展的必要性与可行性

秦巴山脉区域的协同发展是一期研究的重要内容，更是二期研究的重点。协同发展研究首先要关注山脉内部与外围环秦巴城市地区之间的协同，同时关注内部与内部、外部与外部之间的协同发展。

一、必要性

（1）秦巴山脉以其庞大的体量和所处的国土中心位置，成为我国国土生态安

[①] 《习近平在陕西考察时强调 扎实做好"六稳"工作落实"六保"任务 奋力谱写陕西新时代追赶超越新篇章》，http://www.xinhuanet.com/politics/leaders/2020-04/23/c_1125896472.htm [2020-04-23]。

全十分重要的核心屏障。只有通过周边城市地区的强发展，才能有效实现秦巴山脉的大保护。

秦巴山脉区域的洁净水源是我国南水北调中线工程的水源地，更是长江、黄河两大江河水系的最重要涵养与补充区域。嘉陵江、汉江、洛河、渭河、洮河、大夏河、三峡水库、丹江口水库（秦岭湖）、三门峡水库等，这些滋养孕育中东部广大地区生命之水的发源地或补水区均是秦巴山脉，是这些区域洁净水源最重要的供给区。秦巴山脉是地处我国青藏高原、黄土高原、云贵高原之间的巨大绿色屏障，具有世界意义的生物多样性和森林资源、碳汇能力等，使其成为我国中东部人口稠密地区最直接的生态保障区，是关系到东部广大发达地区生态安全的关键要素，对于守护我国广阔富饶的国土具有最为直接的多方面生态意义。同时，秦巴山脉造就了周边特色鲜明的自然地理、生态环境、人文资源属性，是维护我国广大区域可持续发展的关键生态保障地区，更是周边五省一市众多城市乡村的生态之源。因此，保护秦巴山脉区域的生态环境关系到国家整体生态格局安全，应该成为我国生态文明建设的重要内容。

秦巴山脉是生态高地与经济洼地的典型地区，其人口密度明显高于其他山地区域，是生态保护的主要压力。通过不同层级城市特别是周边几大城市群地区的快速发展，吸引山区劳动力外出务工，降低山区人口密度，是降低山区生态保护压力与风险的现实途径；同时，外围城市地区向山区提供人才、技术、资金等多方面输入，推进山区社会经济绿色转型。因此，加强外围城市地区与山脉腹地的协同发展，通过城市地区的强发展，带动山脉生态的大保护，是协同发展的关键。

（2）环秦巴城市地区是国土空间平衡发展的关键地区和"一带一路"的枢纽区域。环秦巴各城市群之间只有通力协同合作，才能完成新时代赋予的战略使命，才能形成支撑山脉生态大保护的强大合力。

环秦巴城市地区的协同发展是平衡东西国土，实现"一带一路"枢纽升级的关键。改革开放促成了珠三角、长三角、京津冀等东部沿海城市区域的发展，但我国人口密集区的西部尚未形成具有国土平衡意义的城市集群，无法有效带动和引导广阔的中西部地区快速发展。环秦巴城市地区现有的成渝、关中、长江中游、关中平原四大城市群，受多方面要素制约，单一城市群无论是经济总量、区位条件，还是科技创新、人才密度等都无法与东部沿海城市群比肩，也无法有效整合经济社会、区位条件、科技文化等重要资源，从而形成强有力的增长集群。在实现"三步走"发展战略的关键时期，环秦巴城市地区发展不充分以及我国东西部发展不平衡问题的迫切性日趋凸显；同时，在"一带一路"进程中，环秦巴城市地区的区位优势不断显现，各方面需求与条件日趋成熟。因此，新的形势与背景需要各城市群及中心城市有效协同，合理分工，强强联合，从而成长为承担西向开放前沿、平衡国土空间职能的簇轴式城市集群，这是环秦巴城市地区协同发展的重要目标,更是新时代赋予该区域的重要历史使命。只有通过协同合作,共同承担新时期国家战略职能,环秦巴城市地区才能真正具备支撑山脉地区生态大保护与可持续发展的强大动能。

"成渝西"城市集群是连接关中平原城市群与成渝城市群从而形成大西部增长极的关键区域,能够将关中的区位优势与川渝地区的经济和人口优势有效结合,成为对接"一带一路"的强大核心与枢纽,也是环秦巴城市地区协同发展中城市群际合作的首要区域。首先,成渝城市群与关中平原城市群的产业关联度存在很大的协同潜力。例如,西安的科研能力较强,但受限于工业体量小,科研转化的力度依然较弱。重庆已形成较强的制造业产业链,涉及汽车、装备制造、军工制造、软件产业、石油化工、材料工业、电子信息、航天工业等,可以与西安形成多领域科技转化与产业合作。在"一带一路"国际合作的大环境下,城市与城市之间的合作日渐深入,以跨国公司为代表的企业运营行为映射到地理空间中就是各大城市的分工协作,原来那种单打独斗的自由式发展模式已经越来越不适应当前科学技术和社会生产力迅猛发展的需要。随着高铁、高速网的建成,西安、成都、重庆的联系不可避免地越来越紧密,只有"成渝西"城市集群进行有效的协同合作,才能有条件形成满足西部发展,进而向西部其他地区辐射,并有力支持"一带一路"建设的庞大产业链集群。其次,"成渝西"城市集群的形成将打开向西发展的新局面,关中平原城市群与成渝城市群并列为国家级城市群,二者协同发展的一大要义在于让西北和西南齐头并进,把整个西部发展起来。成渝城市群要带动整个大西南的发展,而关中平原城市群则要发挥对西北地区发展的核心引领作用。最后,"成渝西"城市集群所涵盖的区域恰好位于胡焕庸线附近,是我国人口疏密分隔的临界线,是首要也是最具条件担当平衡国土空间职能的区域。充分加强关中平原城市群和成渝城市群的深度协同,能够释放两大国家级城市群的整体能量,形成合力增长极,对我国区域平衡、转型发展、扩大内需等有着至关重要的意义。

2020年,中共中央、国务院发布《关于新时代推进西部大开发形成新格局的指导意见》,明确提出加强西北地区与西南地区合作互动,促进成渝、关中平原城市群协同发展,打造引领西部地区开放开发的核心引擎。2021年,《成渝地区双城经济圈建设规划纲要》开始实施。可见,从国家战略的高度提升成渝城市群与关中平原城市群的协同发展,应该被充分认知。

(3)秦巴山脉区域生态保护与创新发展建设应在国家战略层面进行协同,只有以国家意志践行生态文明思想,形成统一的区域协同机制,才能全方位有效保护秦巴山脉,实现我国区域经济社会的转型平衡发展。

基于秦巴山脉的生态价值和周边城市地区的区域经济价值,可以说秦巴山脉区域是践行"两山"理念，推进生态文明建设的最佳示范地之一，也是能够与阿尔卑斯山、五大湖区等地比肩，形成人类与自然和谐相处的富有中国发展特色的代表性地区。因此，本书将"秦巴山脉区域生态保护与创新发展"从这一目标高度进行定位。作为一种新型的以巨大生态区域保护为主导，以绿色循环人居环境为特色的区域发展新范式，只有国家层面的推进才能有效实现目标。同时，所需要的区域协同机制，只有通过国家层面的推进协调，才能真正形成统一的优势作用，才能得到全方位贯彻实施。

首先，秦巴山脉生态保护地体系的建立、生态预警系统的完善、生态补偿机制的形成等重要工作都离不开国家层面的协调统一。同时，人口疏解、移民搬迁等政策的实施也是生态保护工作重要的环节。从秦巴山脉及其周边的人口分布来看，还有相当大比例的人口生活在邻近秦巴山脉生态核心区，这些地区由于生态保护的要求，产业发展潜力受到限制，未来人口迁移依然是一个连续的过程。总之，建立更加具有针对性的生态保护法规体系，引导山区人口逐步合理有序地向周边城镇地区疏解，需要更加完善、有效统一的政策支持。

其次，建构秦巴山脉区域绿色循环产业发展战略，引导分工协作，避免恶性竞争，加大污染企业治理等措施的落实都需要国家层面的统一领衔与监控。从产业布局现状来看，总体而言产业结构相似度较高，尚未形成合理的产业分工。根据就业统计数据，以环秦巴城市地区整体结构为参照水平，比较各城市的产业结构相似系数，可看到地区内产业结构过度趋同（图3-1）。这意味着地区之间同质化竞争将加剧，不仅不利于地区产业发展水平的提高，还会由于过度的竞争损害区域内资源利用的整体效率和整体经济水平的提升。

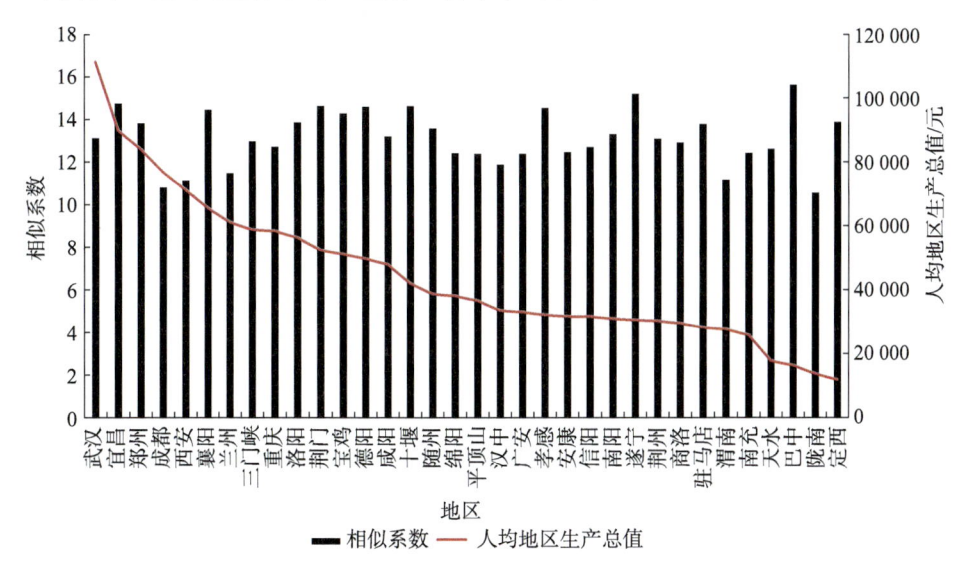

图 3-1　环秦巴城市地区产业结构相似度比较

最后，秦巴城市地区科技资源密集，具有特色创新发展的优势。秦巴山脉及周边城市地区分布着一大批航空、航天、电子工业、机械工业等科技企业和研究院所，是我国装备制造和科技研发的重要分布区，在航空、机械制造、新材料等高新技术产业领域都具有突出创新优势，这些优势正是秦巴山脉区域探索科技统筹特色创新发展的巨大潜力。由于相关企业的特殊性，进一步强化国家层面的政策协同，充分释放其发展潜力，推进系列具体措施的研究实施，对于秦巴山脉区域以及新时期我国的转型创新发展都具有重要的实践探索意义。

因此，秦巴山脉区域需要从国家层面建立更有效的协同机制，进行全方位的生态保护与修复，引导人口、产业、创新资源等要素更合理地流动，形成更加可持续的国土空间布局。这是从更长远的角度解决秦巴山脉区域生态保护与绿色创新发展等多重问题的关键。

二、可行性

（一）信息网络、快速交通、新型经济的发展，在更大尺度、非连续空间上使网络城市群这一创新城市协同模式成为可能

传统的城市群往往在空间上相对集中连片，依托发达的交通通信等基础设施网络形成空间组织紧凑、经济联系紧密，并最终实现高度同城化和高度一体化的城市群体。城市群往往是在地域上集中分布的若干特大城市和大城市聚集而成的庞大的、多核心、多层次城市集团，是大都市区的联合体。在信息化时代高新技术发展的环境下，传统的城市群正在向智慧网络城市群转变。

1. 智慧网络城市群及其基本构成要素

所谓智慧网络城市群，就是在信息化、网络化、全球化背景下，在一个或两个城市群范围内，以智慧信息网络联系和新兴经济等为突出特征，以轨道交通等快速交通网络为支持，打破传统圈层式、等级化空间发展格局，把城市间联系由中心-外围为主的联系向节点城市间多向信息化网络联系转变，从而形成地域空间范围适度放大、功能互补、相互协作的新的城市群空间发展形态。

智慧网络城市群的形成需要具备两个基本要素。第一，智慧网络城市群以传统城市群为基础，节点城市通过发达的智慧网络化设施相互联系，完成大量日常交互工作。信息交换、信息经济、金融汇兑等虚拟网络经济成为重要特征，并实现各类要素之间的无障碍流动；同时，智慧网络城市群需要发达的轨道交通等快速交通网络支持，在保障协同交互所需要的物流、人流等物质流动具备必要条件的同时，使空间范围较传统城市群有效放大，并控制在一定交通时间之内，从而使信息网络获得的交互距离红利在物质实体交通中尽量增强。由于智慧网络的互动联系可以替代许多传统交互所需要的实际交通联系，因而城市群的快速交通不

仅有效扩大了城市群的范围，其自身交通网络的构成方式、运输类型、运量数据变化等都与传统城市群有很大不同，加之有些节点之间的实际交通联系可能大大降低，自然地理条件的束缚也将随之降低。第二，智慧网络城市群的另一个关键条件是城市之间功能配置、产业合作、市场流通、生态共治、文化交流、人员往来、物资流动等多领域具有良好的协同基础，这种复杂关系的往来与密切关联是智慧网络城市群形成的前提基础，从而推进各节点城市功能衔接与互补，产业链上下游关联，产业集群的联合、资金交互、人才流动与技术共享等要素的协同合作。

2. 智慧网络城市群与传统城市群的区别

（1）城市成员的区别。智慧网络城市群应该在一个到两个传统城市群基础上形成，成员构成往往发生变化。随着城市群内部智慧化与信息化建设，一个城市群内部，或者两个城市群之间的信息网络联系加快，改变了原有城市群的协同方式与效率，在快速交通能够支持的条件下，使得传统城市群的空间范围有效放大，两个城市群之间的全部或者部分城市间的联系有效增强，从而呈现智慧网络城市群的特征。在这种情况下，即使某些不属于原有城市群的城市，伴随着城市产业联系的加强和基础信息技术的发展支持，同时在快速交通支撑放大的城市群适宜范围内，就有可能成为智慧网络城市群的新成员。因此，由于智慧网络和快速交通网络两者的作用，城市群成员的动态变化具有更大空间。

（2）城市结构的区别。智慧网络城市群更偏向于呈现出网络结构特征，城市间的关联关系从传统城市群中更多的垂直联系向水平联系拓展，扁平化的网络特征使得智慧网络城市群内更易实现不同城市的发展合作与资源共享。智慧网络城市群以信息技术和新区位条件为发展核心要素，对传统空间区位限制的突破有利于城市网络的均衡性发展，传统条件下发展落后的城市能够借助跻身智慧城市网络获得资源信息交流的机会，在新的发展路径中实现跨越式进步。自然地理环境关系与交通距离不再是智慧网络城市群形成的首要制约因素，城市智慧化水平的提高有效实现了城市间的云中联系，从而扩大了城市群的空间范围。因此，加强核心城市的智慧化建设，有利于强化推进智慧网络城市群的形成与发展建设。

（3）城市分布的区别。传统城市群在空间上体现为以核心城市为中心的密集连片区域，而智慧网络城市群则由于快速交通带来的空间范围扩大，在更为广阔的区域内呈现相对分散的空间形态，多个核心的存在支撑了总体结构，并与自然生态环境之间形成更加融合的关系。相比于传统城市群集聚性连片结构，一方面多个核心城市使得发展极的影响辐射作用可以扩散到更广的范围内，另一方面，借助信息化技术手段，可以实现远距离城市间突破空间阻碍而形成密切的联系，从而形成不同于传统空间邻近性的"新区位优势"。由此产生的结果是，智慧网络城市群看似空间分布较为分散，但城市彼此间不乏密切的联系互动，城市间形成了非物质空间意义上的集聚性更高的城市群关系——智慧网络城市群关系[①]。

3. 智慧网络城市群建设的核心内容

（1）智慧化建设。智慧化建设作为智慧网络城市群发展的动力机制，使城市发展突破了传统的经济社会发展水平的层级限制，依托信息化水平实现快速发展。在智慧城市群范围识别的模型中，智慧化水平在核心城市和外围城市的确定中均作为一项基本指标存在。随着信息时代的到来，经济水平居于前列的城市可以通过信息化与技术手段强化自身竞争力，保持发展优势，而经济发展中相对落后的城市也可以借助技术条件有针对性地提升城市生产效率，弥补经济基础条件的差距，实现城市层级的跃升发展。

（2）新区位优势。新区位优势的形成偏重高铁等信息时代的交通基础设施以及城市间的信息高速公路，凭借新区位优势突破传统区位、打破空间隔离，实现智慧网络城市空间的距离压缩。传统城市群的构成中更强调交通可达性条件，而在智慧城市群中则在空间可达性之外加入了基于流空间的城市联系要素，一方面以时间成本距离替代空间距离指标，反映现代交通手段下对地理区位的重构，另一方面通过迁徙流、信息流、物流、人流、智慧流等综合流的呈现状态，反映智慧网络城市间跨越空间距离发生联系的可能性。

（3）密切的联系互动。不同智慧网络城市间可以在人口流动与货物流动、信息资源交换、区域一体化建设、城市发展合作等多维度实现密切的生产生活联系。密切的联系互动促成了城市间的优势互补、协同发展，而不同维度联系的增强又促进了城市自身新区位条件的优化。智慧网络城市间的密切联系互动可以体现在诸多方面，某一或若干维度的优势联系有利于提升城市节点在智慧网络城市群中的发展地位。传统城市群城市间的要素流动以高层级向低层级流动为主，形成城市间的纵向层级联系，而智慧网络城市群的结构更加分散，网络结构的形成依托于众多城市彼此间大量双向流动的形成与横向联系的加强。城市间密切的联系互动一方面成为城市集群内发展合作的基础，通过资源流动与共享给城市增添活力、提高城市生产效率，尤其对于传统经济发展水平相对落后或地理区位条件处于劣势的城市是更加有效的发展路径；另一方面，城市间跨越空间距离的密切联系突破了地理空间的限制，使得智慧网络城市群的空间范围沿着密集流的方向拓展，实现了更大范围的辐射影响力，也使空间关联方向呈现更多的可能性。

智慧网络城市群是在当前城市信息网络快速发展的基础上，呈现出更高等级的智慧化城市形态，而且是发生在更大空间范围内（常常发生在两个城市群之间），以快速交通为支撑、以城市间协同合作为主旨的城市群。通过产业合作、人文交

---

① 杨励宁. 智慧城市群的范围界定及其发展机制研究：以长三角城市为例[D]. 南京：南京大学，2020.

流、物流交换等多领域的信息网络联系，建立城市群更为密切的、全方位的信息交互体系。

通过前文的分析可知，环秦巴城市地区的协同发展具有多方面国家层面的战略意义，即城市间协同发展的必要性突出。然而，以成渝-关中城市群协同发展为例，由于两个城市群之间的距离比一般传统城市群的空间距离要大，加之秦巴山脉生态保护的严格要求，不可能出现传统城市集群的发展状态。因此，智慧网络城市群应该是必然的选择。在新时代背景下，这种选择的可行性也逐渐清晰。第一，区域内高铁网的建设使各大城市物质空间联系的时间有效压缩，三四小时可达距离延伸至 800 公里以内；第二，高速便捷的网络连接系统使信息交流不再受限于山地空间阻隔，城市之间各要素的流动信息通过网络平台有效整合，许多实际交通被信息网络替代；第三，秦巴山脉的生态保护与绿色发展倒逼区域内各城市形成稳定的生态共治、功能合作和产业关联。因此，智慧网络城市群成为秦巴山脉区域势在必行的路径，"成渝西"地区的协同发展应该成为这一路径的先行者。只有这样，才能构建跨越较大区域的绿色区域，形成生态保护主导、网络连接高效、簇轴空间串联、协同方式独特的新型城市集群发展模式。

（二）西安、成都、重庆等环秦巴中心城市之间市场自发行为和要素流动愈加频繁广泛，涉及人流、物流、数据流等各个方面，协同水平快速提升

1. 六大城市联系度迅速增加

本书选取 2014 年、2017 年和 2019 年三个时间节点的城市联系度数据，通过"一带一路"与长江经济带政策的提出、西成高铁开通等事件前后数据对比，能够得到如下结论：①2014~2019 年六大城市相互来往的密集程度均迅速提升，其中成都在交流网中优势突出，与其他五市的联系强度最高；②郑州—西安—兰州一线连接度增长最快，尤其是兰州与郑州、武汉、重庆之间的连接度增长较迅速，从无到有建立了连接，反映出"一带一路"倡议的驱动力对城市互联互通的影响较大（图 3-2）。

2. 以六大城市为节点形成网络城市群的趋势明显

本书以各城市自身为研究对象，观察 2014 年、2017 年和 2019 年对外联系信息数据，可以看出六大城市信息交流密度均呈现三个层级：第一层级是与北京、上海、广州的信息交互，体现出政治中心、经济中心对各个城市的中枢控制力；第二层级是六大城市之间的信息交互增长迅速，从数据中可以看出成都、重庆、西安和武汉四者之间基本处于二级联系强度梯队，发育程度较好，显示出网络城市群的萌芽；第三层级则是六城市联系总体相对较弱的地区，如兰州这一空间距离较远的地区（图 3-3~图 3-8）。

(a) 2014年

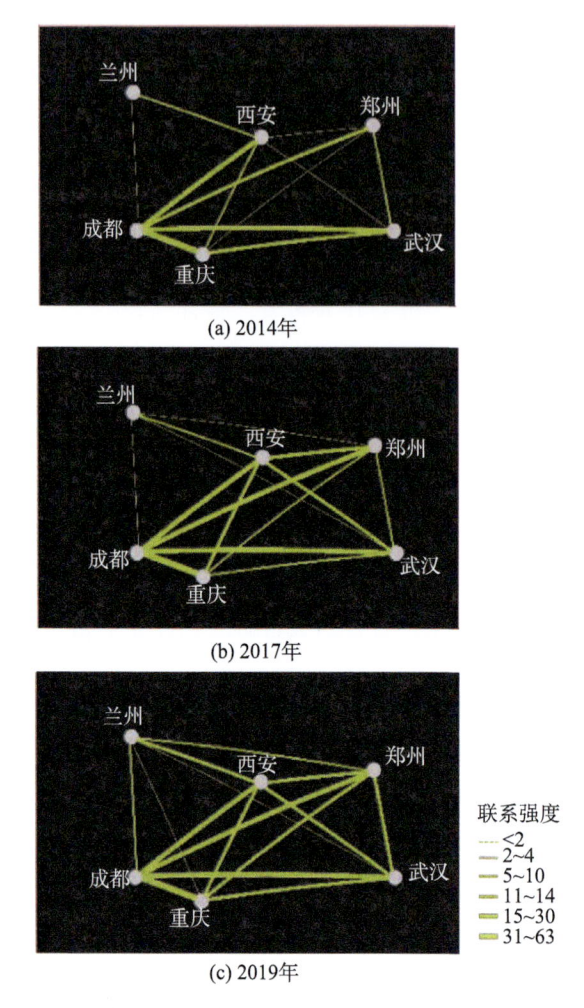

(b) 2017年

联系强度
---- <2
—— 2~4
—— 5~10
—— 11~14
—— 15~30
—— 31~63

(c) 2019年

图 3-2　2014 年、2017 年、2019 年六大中心城市联系度比较图

—— 2014年底　—— 2017年底　—— 2019年中

图 3-3　不同阶段成都企业在其他城市设立子公司数量的变化情况

图 3-4　不同阶段西安企业在其他城市设立子公司数量的变化情况

图 3-5　不同阶段武汉企业在其他城市设立子公司数量的变化情况

图 3-6　不同阶段郑州企业在其他城市设立子公司数量的变化情况

图 3-7　不同阶段重庆企业在其他城市设立子公司数量的变化情况

图 3-8　不同阶段兰州企业在其他城市设立子公司数量的变化情况

由此，可以看出以六大城市为基础的第二级信息交互梯队为环秦巴城市地区的协同发展打下了自下而上的市场基础，特别是"成渝西"城市间的市场联系与协同开始出现快速提升。

通过六大城市对外联系强度分析，对六大城市的联系强度进行梯队分级，见表 3-1、表 3-2。

表 3-1　环秦巴城市地区六大城市对外联系强度分级

城市	一级联系强度梯队	二级联系强度梯队	三级联系强度梯队
成都	北京、上海、深圳、重庆	西安、昆明、（宜宾）、广州、天津	杭州、武汉、郑州、兰州、乌鲁木齐、拉萨、贵阳、长沙、（眉山）、（绵阳）等
西安	北京、上海、成都、重庆、深圳	南京、武汉、郑州、（榆林）、（宝鸡）、乌鲁木齐等	广州、兰州、杭州、渭南、沈阳等
武汉	北京、上海、深圳、南京、（宜昌）、（鄂州）	香港、成都、重庆、西安、广州、杭州、天津、荆州、（襄阳）、（黄冈）、（荆门）等	郑州、兰州、苏州、长沙等
郑州	北京、上海、深圳	成都、洛阳、广州、香港、开封、许昌、鹤壁、信阳、新乡	西安、武汉、重庆、兰州、杭州、南京、苏州、沈阳、长沙等
重庆	北京、上海、成都、深圳	广州、香港、南京、天津、宁波、贵阳等	西安、武汉、郑州、兰州、苏州等
兰州	上海、（张掖）、（天水）、（酒泉）	北京、深圳、西安、南京、西宁、（金昌）、（武威）、（定西）等	广州、成都、郑州、武汉、重庆、杭州、苏州、乌鲁木齐等

注：括号内部的城市为研究城市所在省域内的城市

表 3-2　六大城市相互之间联系强度分级

城市	成都	西安	武汉	郑州	重庆	兰州
成都		二	三	三	一	三
西安	一		二	二	一	三
武汉	二	二		三	二	三
郑州	二	二	三		三	三
重庆	一	二	三	三		三
兰州	三	二	三	三	三	

（三）人口格局重塑，东部发达城市群人口吸引力依然较强，但中西部核心城市强势崛起，全国人口迁移呈现新格局

从 2010 年以后全国人口流动趋势来看，东部三大区域仍是人口主要流向地，而中西部人口增长以重庆、郑州、武汉、成都、西安、长沙等城市为主，全国整体形成"东部三大区域+中西部六大城市"的人口增长格局。可以发现，这六大城市中，除了长沙，其他城市均处于秦巴山脉区域当中，是环秦巴城市地区的核心增长极，随着产业向中西部逐步转移，环秦巴城市地区的就业岗位和收入水平进一步提升，将有力地强化整体秦巴山脉区域的竞争力，也为环秦巴城市地区发展与协同提供了更好的人口与人才聚集基础。

（四）西成高铁的开通为"成渝西"紧密协作关系打开了新局面，建设中的西渝、西武等高铁必然加快推进环秦巴城市地区各类要素的流动

数据显示，西成高铁开通仅一年，西安和成都两地间的铁路用户呈现猛增态势。西安到成都的火车票购买人次增加了 323%，成都到西安的火车票购买人次增加了 305%，成都人在西安的消费提升了 286%，西安人在成都的消费提升了 225%。这些数字仅仅体现了人流往来的增长，随着未来西渝、西武等高铁的开通，人流往来进一步深入，西安、成都、重庆、武汉等环秦巴城市地区的货流、信息流等交互更加频繁，"成渝西"城市集群作为环秦巴城市地区协同发展的核心板块将开启"智慧网络城市群"形成的第一步。

（五）环秦巴城市地区在以科技研发与装备制造作为创新平台的方向上具有突出潜在优势，有条件成为支撑国家创新发展的新战略性经济区，其内在协同需求动能不断累积

秦巴山脉曾是我国三线建设时期的战略大后方，聚集着一大批国家重要装备制造企业，目前该地区仍是我国装备生产和科技研发的重要区域。无论是人才、产业、科研设施等基础条件，还是政策优势方面，该区域板块在装备制造协同创新领域都具有不可替代的优势。因此，应积极推动科技创新、产业发展、人才培养、装备研发等领域深度融合协同，释放创新发展潜能，为整个环秦巴山脉区域承担国家创新发展职能创造条件。

三、结论

总体而言，环秦巴城市地区协同发展具有突出的必要性和逐渐明确的可行性，不仅是近期大秦岭地区生态保护的关键支撑和必要条件，也是未来我国总体国土空间格局中可以预期的战略愿景。秦巴山脉区域生态保护与创新发展示范区的建立，一方面可以吸引秦巴山脉生态敏感地区的人口、产业向周边城市地区转移集聚，有利于从根本上解决秦巴山脉的生态保护与社会稳固等问题，使秦巴山脉真

正发挥生态屏障的功能。另一方面，可以更好地平衡国土空间发展，发挥"一带一路"枢纽作用，形成带动中西部崛起，辐射整体西部国土的新增长集群。

这一环山城市经济圈的尺度可以与我国整个东部沿海经济带相对应，可以被理解为一条首尾相连、虚实相间的线型城市地区（或若干城市簇团构成的串珠带状地区）形成的环状形态，环内穿越大秦岭山区的若干已有和在建的国家级快速通道，使得这一环状经济带上各主要城市的空间距离，相比于东部沿海的带状经济带各主要城市间的距离大大缩短，从而具备了自身优势；与五大湖城市群以巨大水域为核心相比较，秦巴山脉区域构成了以巨大山脉为依托的自然保护与高质量发展区域并具备了自身特点，但其主要城市地区的空间距离却比五大湖区相对较小。

当然，在当前条件下，环秦巴城市地区协同发展受空间距离的制约还很明显，可以将其看作战略构想。如同我国东部沿海经济带是从珠三角、长三角、京津冀等逐步展开一样，环秦巴城市经济圈则应从成渝-关中城市群、郑州、武汉等城市地区自身的协同发展逐步展开，并从国家战略高度对这一层面的协同发展进行统领引导，从而加快形成双向开放、双循环格局的关键城市集群发展支撑。因此，环秦巴城市经济圈虽然只是构想，但却是成渝-关中城市群等地区协同发展的依托和未来更高层次的发展愿景。需要说明的是，以秦巴山脉为生态绿芯的中西部城市经济圈绝不是一个规模巨大的城市连绵带，而是由成渝、关中、武汉、中原、兰州五个城市地区构成的圈形城市经济带，其城市地区之间是广阔的特色山地生态区和特色农业用地。

第四章

指导思想与定位

第一节 指导思想

"绿水青山就是金山银山"是秦巴山脉区域生态保护与绿色创新发展的根本性指导思想。

"两山"理念是2005年时任浙江省委书记的习近平同志在余村考察时首次提出的,在中国共产党第十八次全国代表大会之后,习近平总书记多次发表有关生态文明的重要讲话,2015年3月中央政治局会议通过了《关于加快推进生态文明建设的意见》,正式把"绿水青山就是金山银山"写进中央文件。"两山"理念形成了我国社会主义现代化建设全新的发展理念,是关于生态文明建设的重要指导思想。

"两山"理念包含着"既要绿水青山,也要金山银山"、"绿水青山和金山银山绝不是对立的"和"绿水青山就是金山银山"三个层次,从不同角度诠释了经济发展与环境保护之间的辩证统一关系,是对生态文明建设、美丽中国建设的理论支撑和科学指南。第一,"两山"理念揭示了生态环境与生产力之间的关系,保护生态环境就是保护与发展生产力,摒弃以往破坏生态环境获取经济效益的发展模式,应当节约资源、减少消耗,不断实现循环经济的可持续发展。第二,"两山"理念揭示了生态保护和经济发展之间的关系,保护生态就是保护自然价值和增值自然资本的过程,保护环境就是保护经济社会发展潜力,实现绿水青山就应当尊崇自然,树立人与自然和谐共处的理念,为发展提供良好的环境基础,从实际出发,找准生态环境发展与经济发展的结合点,因地制宜地确定适宜各地发展的生态产业,让生态产品与绿色产品成为生产力,不断将生态优势转化为经济优势。

"两山"理念关键路径是实现生态产品的价值,核心要义是绿色发展,让良好环境成为人民生活品质的增长点、社会持续健康发展的支撑点、展现良好国家形象的发力点。生态产品价值实现的内在逻辑表现为从微观上引导和规范经济主体的生态化，主要路径是生态税费、生态补偿和绿色金融。生态税费包括环境税和资源费，环境税将污染环境、破坏生态的社会成本内化到生产成本和市场价格中去，通过市场机制来分配环境资源。生态补偿由政府代表一定区域或者全国的公众，出资购买生态产品。绿色金融包括环境财税政策、绿色信贷、绿色证券、绿色债券、绿色保险、绿色基金等。绿色可持续发展的目标是实现生态与产业、城市和人口的共生关系，具体路径表现为生态与空间-产业-主体的互动融合。第一，生态与空间的协同体现为通过空间规划、生态建设和环境美化的路径来实现生态资产的积累，空间规划的目的在于守住生态底线、优化空间结构、加强空间治理，并向空间要红利，生态建设包括生态保护与修复，环境美化提高生活品质，吸引人力资本的集聚；第二，生态与产业的协同体现为发展生态产业、传统产业生态化和发展绿色高精尖产业的路径来实现生态资产的增值，推进绿色高质量发展；第三，生态与主体的协同体现为通过压力传导、意识提升、制度建设、技术创新等途径，来促进绿色消费，进而拉动绿色供给、扩大绿色消费。主体包括政府、企业、公众等，是绿色增长的内部驱动力。生态文化中的绿色价值主张、生态制度形成的政府与市场的合力、生态技术带来的产业变革，促进空间品质提升与产业发展，不断吸引高端人才，优化人力资源结构[①]。

秦巴山脉区域绿色创新发展应该以"绿水青山就是金山银山"为核心思想，强调生态优先，强调对水资源、生态资源等的优先保护，强调蓝绿空间的建设，强调绿色产业体系的构建，强调生态产品价值的实现。因此，在秦巴山脉区域绿色循环发展战略研究的具体工作方面，本书从秦巴山脉的内外互动和协作支撑着手，探索生态主导地区的绿色发展新范式。通过生态保护、产业转型、区域协同等多领域绿色创新路径，将秦巴山脉区域建设成为我国生态保护与绿色创新发展示范区，使秦巴山脉区域成为全面承担国家综合战略使命的国土空间安全绿芯。尊重山脉与城市之间的依存关系与客观规律，建设山脉-城市共同体，通过周边城市地区的强发展，带动山脉腹地的大保护。通过不同层级城镇尽量尽早吸纳安置2000多万常年外出打工人员，提升生态保护的基础条件。营造以山脉腹地为绿芯，以周边城市地区为外环的总体绿芯结构，创新构建具有中国大秦岭特色的生态文明发展模式。

第二节 总 体 定 位

秦巴山脉区域位居我国陆地版图中央，北接丝绸之路经济带、黄河高质量发

[①] 胡咏君，吴剑，胡瑞山. 生态文明建设"两山"理论的内在逻辑与发展路径[J]. 中国工程科学，2019，21(5)：151-158.

展带，南联 21 世纪海上丝绸之路、长江经济带，分布有成渝、关中、中原、武汉等我国中西部最主要的城市聚集区，是协同关联与统领实现我国多个国家战略的中心枢纽区域，对我国东西部平衡发展、西部大开发新格局、国内国际双循环和国家总体安全等均具有十分重要的战略价值。这里首先在相关综合价值研究的基础上进行汇总凝练，以其作为秦巴山脉区域定位研究的基础。

一、综合研判

（一）生态安全

秦巴山脉地处我国青藏高原、黄土高原、云贵高原之间，是东部平原区和西部高原区之间的巨大绿色屏障，其以庞大的体量和所处的地理中心区位，成为我国陆地国土生态安全关键地区，其所涵养的洁净水源与多方面生态资源，是关系我国东部广大发达地区生态安全特别是水安全的直接要素，更是山脉腹地城镇乡村和周边成渝、关中、中原、长江中游等中西部城市群的生态安全根基。秦巴山脉的生态资产价值产出能力远远高于全国生态资产价值平均水平，是对我国实现碳达峰等生态文明建设目标具有重要意义的区域。秦巴山脉是我国的中央水塔和具有世界意义的生物多样性的代表性区域，在世界著名山脉中，中国秦岭与欧洲阿尔卑斯山、北美落基山并称为"地球三姐妹"，具有突出的地理标识意义和生物资源价值。

（二）国土平衡

秦巴山脉区域主体位于胡焕庸线东侧，多数城市处于我国人口密集区的西部和中部。四十多年来的改革开放促成了珠三角、长三角、京津冀等东部沿海地区的发展，但国土空间东西平衡问题日趋凸显，特别是西部地区尚未形成具有平衡意义的城市集群，对带动和管控广阔西部地区发展的作用有限。在新的国际形势背景下，国家发展的经济引擎地区完全集中于东部沿海，缺乏战略纵深支撑的问题已经显现。如果参照美国由东部沿海向中部发展形成芝加哥城市群，进而扩展到西部沿海的梯级历程，考虑到我国西部边陲高原地区人口与城市生成条件，在陆地版图中部成渝-关中城市集群形成重要的发展引擎，就更显得关键和重要。

（三）国防安全

秦巴山脉及周边城市地区国防安全属性突出，秦岭自古是军事要地，也曾是我国三线建设重地，集中了一大批航空、航天、电子、机械等制造企业和科研院所，西安、成都、重庆等核心城市以及汉中、宝鸡、商洛、绵阳、德阳、十堰等一批地级市仍然是我国高新技术与装备制造生产的重要区域，集聚有产业、人才、科研、配套等资源优势。在长远发展背景下，充分释放秦巴地理区位安全优势和创新发展潜力，在我国内陆地区形成重要产业经济与国防设施生产供给基地，构建强大的国防安全综合战略支撑能力，已经成为日趋紧迫的重要议题。

（四）西部安全

中西部地区经济增长极的缺位或不足已不适应我国经济安全发展的需求，西部地区发展不充分不仅关乎整个西部社会安全，也不能适应国家双循环发展格局和"一带一路"西向开放的需要。在胡焕庸线的中部地域，也就是秦巴山脉区域特别是具有明显区位优势的成渝-关中城市群地区形成新的强大核心引擎，发挥科研创新和产业资源优势，并通过"成渝西"地区沿胡焕庸线南北和西向的兰西城市群、昆明贵阳城市地区、呼包鄂榆城市群辐射，带动广阔西部的发展稳定，具有关乎全局的重要意义和紧迫性，是形成西部大开发新格局的关键支撑，对于我国社会经济安全特别是西部安全极为重要。此外，通过城市群地区的强发展，可以吸引山区人口的就业迁移，为山脉腹地的生态大保护提供基本前提，为构建具有中国大秦岭特色的山脉城市共同体发展模式提供现实路径。

（五）文化象征

秦巴山脉（大秦岭）见证了中华文明发展的关键历程与基因库的形成。作为我国古代2000多年的政治经济、文化、中心所倚靠的巨大山脉，大秦岭滋养了周边长安、洛阳、成都等历史城市，形成古都文化、佛教祖庭和道教圣地，是诸子百家布道传学之所，是中华文明核心价值思想的重要诞生地，凝聚了中华古代文明初创、奠基、集成、辉煌的重要历程。秦岭高山深谷，终南山、华山、武当山、太白山等名山林立，形成富有中国特色的山水文化与隐逸文化。秦岭承东启西、贯通南北的地缘优势，使其成为中原、巴蜀、荆楚、陇南、藏羌彝等多元文化交织，多民族融合的巨大文化生态圈。如果说阿尔卑斯山是西方文明的精神家园，那么中国秦岭就是中华文明的重要象征。提升大秦岭世界影响力，打造中华文化圣山，增强文化软实力，是文化强国战略的重要内容。

（六）地缘格局

在"一带一路"双向开放和新的国际形势背景下，我国广阔西部地区的陆权腹地与战略纵深价值越发显现。考察我国自古以来地缘格局变迁与当今国内外诸多要素关系，向西谋势是我国实现大国崛起的必然之路，是以新空间制衡潜在风险的必然局面。西部的稳固开发、未来新能源等战略性产业发展所形成的国土置能和势能对于构架新的亚欧大陆地缘格局，整体提升国土疆域安全态势，强化中华民族文化融合共同体意识，塑造多民族融合时代精神，助推中华民族伟大复兴具有重大意义。

综上，秦巴山脉区域的总体定位应该与其生态屏障、经济国防等总体安全属性，平衡东西、贯通南北的国土区位优势和地缘特征，文化象征、民族融合的国家精神标识等紧密关联。

二、秦巴山脉区域战略定位

基于秦巴山脉区域特殊的生态安全与总体安全价值、区位战略价值、文化传承价值等，结合未来国土东西双向开放的重构格局，在国家"两个一百年"奋斗目标和"三步走"发展战略蓝图引领下，将秦巴山脉区域的综合战略定位确定如下。

（1）国家总体安全保障区。包括生态安全、国防安全、经济安全、西部安全等。

（2）西向开放枢纽引擎区。关联"一带一路"建设的节点枢纽，成渝城市群与关中平原城市群协同打造西部大开发核心引擎等。

（3）国土平衡创新发展区。涉及国土平衡发展关键区域的属性，也是对现有科研创新资源优势潜能的激发。

（4）中华文化传承展示区。建立在传统文化源脉基础上，形成文化保护传承标识性区域，营造中华文化圣山，扩展中华文明影响力。

第三节　战　略　目　标

根据上文所述秦巴山脉区域的核心价值、总体定位等，可以看出其保护与发展的共赢和新经济、新空间的构建是该地区发展的关键，因此本书将秦巴山脉区域的总体战略目标确定为：国家生态保护与特色创新绿色发展示范区。

该战略目标包含两个层面内涵：首先，秦巴山脉区域的生态保护是一切发展的前提和一切措施的首要原则；其次，环秦巴城市地区要以特色创新和绿色发展作为重要途径，通过这些城市地区的强发展促进秦巴山脉的大保护，从而构建具备内在动能的、自下而上的、可持续的整体发展方式。

尽管目前国家有多个区域发展战略涉及环秦巴城市地区，但受自然、历史和行政等因素的制约，有必要建立有效的协同机制，统筹相关国家战略，从而形成更加整合统一的合力。因此，以相关国家战略围绕的秦巴山脉为生态核心，与长江、黄河两条生态动脉相连接，以环秦巴城市地区绿色协同为发展愿景，以整体秦巴山脉区域建设成为国家生态保护与特色创新绿色发展示范区为目标，在更高层面整合构建有效的协同发展平台和机制，将该区域作为"两山"理念思想的最佳示范地，实现生态保护与绿色创新的高质量共赢，对我国双循环格局与"一带一路"建设具有重要意义。

  在这一目标引领下,环秦巴城市地区绿色协同发展是关键。城市地区的强发展,既能够带动山脉地区的大保护,又可以承担相关国家战略的重要职能。尽管空间距离等因素使得这一构想的呈现尚需时日,但成渝-关中城市群的协同发展具有良好的现实基础,且现代快速交通、智慧网络城市等新发展趋势,也将为地区协同发展提供外部条件。

第五章

山脉-城市共同体

通过借鉴国内外相关实践与研究成果，探索适宜秦巴山脉区域生态保护与绿色发展的理论路径，是本书的重要支撑。本书提出山脉-城市共同体概念，通过对秦巴山脉与周边区域重要关系的解析，建立山脉-城市共同体的运行机制。

第一节 秦巴山脉区域内外耦合关系

秦巴山脉与外部城市地区的内外耦合关系，涉及核心与边缘、均衡与非均衡增长、高地与低地空间系统等多个关系。其中，根据高地-低地空间系统理论，地表联系紧密的高山山地和平原低地之间，在水循环、资源供给、人口经济、差异化功能等多方面存在密切的空间共生联系，其中流域地域系统，是高山-低地之间相互作用联系的重要空间载体。秦巴山脉区域作为典型的高山-低地自然系统，内部的核心高山生态腹地和外围低地的城市圈带之间也具有密切的相互作用与联系，内部山脉腹地是外围环秦巴城市地区的生态资源供给地，外围环秦巴城市地区则是内部山脉腹地的拱卫依托。本书重点从内外关系和外部关系两个层面具体分析秦巴山脉区域的内外耦合关系。

一、内外关系

秦巴山脉腹地与环秦巴城市地区的作用方式是相互的，需要研究保护与发展、腹地与外围、疏解与承接等对应关系。首先，通过环秦巴城市地区疏解秦巴山脉区域的生态压力（如人口压力），实现秦巴山脉的生态保护；其次，通过秦巴山脉的生态涵养，为环秦巴城市地区提供生态资源保障和持续发展依托。环秦巴城市地区作为中西部地区的经济重心，承担国家层面重要的经济功能；秦巴山脉区域作为我国重要的生态屏障，承担国家层面重要的生态功能。环秦巴城市地区是绿芯模式中秦巴山脉区域人口疏解、产业外迁的主要承载地。其作用方式主要体现在以下四个过程。

（一）秦巴山脉是环秦巴城市地区的生态涵养和生态资源供给地

（1）秦巴山脉对周边城市的生态涵养。秦巴山脉是长江和黄河两大江河水系的最大补充涵养地，秦巴山脉的生态健康影响中国中东部重要国土的用水安全。秦巴山脉滋养的关中平原、巴蜀盆地和华中平原更是中华文明的起源地。从古至今，秦巴山脉都对中国众多关键城市起着至关重要的基础作用，包括提供洁净的水源和丰富的林中物产、阻断寒湿气流等，从而形成了丰富的自然地理状态和人类文明形态，这些都是中心城市发育、发展所需要的基本元素。环秦巴城市地区正是秦巴山脉所提供的这些隐形资源供给的第一级受益者。

（2）生态环境是环秦巴城市地区核心竞争力的重要支撑。我国社会经济发展已经进入到全面转型提升的阶段，生态保护与可持续发展已经成为全社会的共识，生态环境将是未来与经济体量比肩的城市核心竞争力的重要因素。对于环秦巴城市地区的各个中心城市而言，秦巴山脉作为其源源不断地提供生态服务的功能体，在城市发展的诸多影响因素中将占有越来越高的比重。

（二）环秦巴城市地区是秦巴山脉人口转移产业升级的载体和依托

（1）环秦巴城市地区是秦巴大量移民的承载地。秦巴山脉区域是国家主体功能区划定的生态多样性功能区中涉及人口最多的区域，过高的人口密度导致人地矛盾更为突出。疏解人口密度，通过人口迁出战略的实施，保障合理的生态承载力。截至2015年，秦巴山脉户籍人口中只有约60%常住在山区，而环秦巴城市地区是山区人口就业乃至安居的重要承载地和潜在区域。环秦巴城市地区特别是省会与中心城市的发展能够提供更加充足的就业机会、完善的基础设施、良好的教育等服务体系、庞大的社会网络和发展动能。因此，环秦巴城市地区的发展对于山区生态保护、转型发展等工作均具有不可或缺的重要支撑作用。通过周边城市地区的高效绿色发展，有效支撑腹地生态环境的可持续保护；通过周边大中城市与山区内部中小城市，构建吸纳就业与落户人口的层级体系；通过政策支持与市场行为的共同作用，促进山区人口转移疏解，为生态修复的基础性平台提升创造根本条件。

（2）环秦巴城市地区是秦巴山脉产业转型升级的支撑地。秦巴山脉区域始终存在传统工业资源利用粗放、精深加工不足等问题。山区工矿企业应被疏解到周边环保制约略小但环保措施和循环链条更充分的规模化园区，以实现绿色转型。环秦巴城市地区有更成熟的产业链条、更完备的产业园区、更完善的基础设施和公用服务条件以及城市居住环境。因此,要加强外围中心城市对腹地的带动作用,使环秦巴城市地区成为山区产业转型升级最直接的支撑地。

(三)环秦巴城市地区为秦巴山脉保护政策的实施提供综合支持

(1)环秦巴城市地区为秦巴山脉生态保护落实相关实施政策。一方面,秦巴山脉区域生态保护的相关事宜需要山地内外共同完成,尤其是生态考核评价机制、差别的绩效考核政策和指标体系等都需要外围中心城市牵头并形成共识,只有这样才能在秦巴山脉区域加以落实。另一方面,生态保护的诸多措施,如生态补偿机制、控制进入流量、限制发展的企业负面清单等都需要在外围城市区域先行落实。

(2)环秦巴城市地区为秦巴山脉生态保护提供经济支持。所提供的经济支持涵盖两个方面:一方面,政府通过税收,反哺山区的生态保护工作,维持秦巴山脉保护的最基本持续能力;另一方面,通过推行市场化的生态资源有偿使用机制,加强生态资源输出区和接受区之间的产业扶植、技术支持、人才支援等多样化补偿体系,为保护工作提供更广泛的合作性经济收入来源,通过强化生态保护自身价值向经济价值的市场化转换,形成广泛、稳定、自循环的经济保障。

(四)环秦巴城市地区为秦巴山脉生态产品提供庞大的直接市场

秦巴山脉区域绿色循环发展的抓手就是大力发展绿色产业,大量的有机农产品、林下经济产品以及生态旅游等都是重要的选项,这些产品都需要庞大的用户市场支持。而环秦巴城市地区,成都、重庆、西安、武汉、郑州、兰州等中心城市、省会城市,具有庞大的消费市场体量,再加上宝鸡、绵阳、汉中、襄阳等众多中等城市和诸多小城市,形成了山区绿色生态产品消费的庞大市场。因此,环秦巴城市地区将为秦巴山脉区域顺利推行绿色循环产业转型提供庞大的市场基础,同时也是这些绿色有机健康消费产品的优先受益者。

二、外部关系

(一)环秦巴城市之间的协同应在强化中心城市特色职能,突出产业分工的同时,拓展有效直接合作领域,形成合作与竞争共存的辩证协同关系

引导各中心城市强化其对外优势职能,结合互联网信息技术,加强知识创新、信息互通、物联统筹等方面的协同合作,形成互补联动、错位衔接的区域分工格局。加大秦巴外围城市电子信息、生物产业、教育培训等职能的协同发展与转移扩散。推进秦巴山脉农林产业统一品牌的整合,推动区域绿色农林产业发展。加强旅游休闲产业的协同发展,结合国家公园建设,鼓励跨区域文化遗产、自然遗

产的联合申报，鼓励三国文化区、嘉陵江流域等的跨区域联合保护开发，形成环秦巴城市地区文化旅游产业衔接、线路对接、市场连接的整体协同格局。

（二）成熟的信息互联网络以及以高铁为领航的快速交通技术为消弭秦巴山脉的物理空间阻隔，使环秦巴城市之间实现现代城市创新协同成为可能

在现代高新技术发展环境下，城市集群的协作将打破传统城市群对连续空间的依赖，表现在两个方面：第一，高铁网的构建使各大城市的物质联系有效空间拉长，以时间为丈量单位，三四小时可达距离延伸至 800 公里；第二，高速便捷的网络连接方式使信息交流不再受限于物质空间，城市之间各要素的流动信息通过网络平台有效整合。

因此，现代信息技术、交通通信等科技手段为环秦巴城市地区这种超大尺度的城市集群协同发展提供了现实基础，使沟通南北、横跨流域的城市群成为可能，进而对布局经济战略、促进文化融合、加大人才流动、加快技术迭代、有效整合资源等各个方面产生深远的影响。因此，"成渝西"城市集群（西安、成都、重庆）与"郑武"城市集群（郑州、武汉）等的南北向跨流域城市功能协作可在传统流域空间城市群协作的基础上，探索城市空间协作的新形式与新高度。同时，以生态保护为前提的非连续的串珠状绿色空间模式是这种大尺度空间协同应该采用的物质空间载体，从而在同等地域规模下，也能够区别于传统的往往连续且密集的城市空间形态。

第二节 山脉-城市共同体概念与机制

一、总体思路

秦巴山脉区域作为一个开放复杂巨系统，包括山脉、河流等自然体系，还包括城乡聚落等社会人文体系，其内部子系统间的多样性、相关性等必然与其整体性关联紧密。为实现秦巴山脉区域生态保护与绿色发展的总体目标，本书在借鉴相关理论成果的基础上，秉持复杂性科学整体融贯与系统分析相结合的思想，通过整体与局部的综合与分析集成方法，将秦巴山脉腹地与周边城市地区作为整体统一研究。从宏观层面探索山脉型高敏感、高价值生态-城市集中区域的和谐共生理论模式与实践路径，通过外围城市地区的强发展，分级逐渐吸纳山区转移人口，并通过科技输入推进产业转型等系列措施，实现山脉腹地的大保护。同时，在秦巴山脉实施生态优先的同时，实现周边城市群地区重要国家战略职能价值，充分发挥这些地区在国家双循环格局、总体安全等领域的关键作用；进而从中观和微

观方面分析研究生态保护、城乡发展、区域协同等子系统相关要素和关联机制，落实和反馈总体思想，制定实现路径，探索具有中国特色的山脉-城市聚集区绿色发展方案。

通过复杂性科学研究方法的引导与构建探讨，把生态保护、国家战略职能、社会经济、文化建设、技术创新等多领域系统在不同空间层级上的定位、功能、关联、渗透等进行整体性研究，同时进行局部系统的技术性解析和整体关联性反馈，并对整体系统中的核心构建、关联性涌现与激发现象进行重点深入，从而实现整体研究的全面深化与应用性结论的清晰与简洁。在深度认知秦巴山脉区域核心战略价值和内在机制的基础上，由综合组重点进行整体性宏观综合研究、整体性关联研究。各项目组进行子系统研究，进行必要的量化研究与反馈，最后再由综合组进行融贯综合，得出简明的研究结论，如整体性战略。

正是在这一研究方法引导下，本书提出适应秦巴山脉区域的山脉-城市共同体理论构想，并对这一构想在宏观空间结构等方面开展应用。结合流域治理、绿色循环、分形贯通、减量规划、绿色营建等技术路径，建立自然保护地体系和人居绿色等级分类管控机制，引导产业转型与升级，构建乡村收缩与城镇集约策略，并进行相关规划与工程技术实践。

二、核心概念

"地球二姐妹"、五大湖区等的共同特征，是具有高价值生态资源，同时具有人类聚居地发展的良好区位，因而显示出高价值生态区与城市聚集区共生的突出特征。通过对人类聚居演化历程的过去、现在、未来趋势的考察，探讨高价值生态-城市集中区的整体关联机制，是研究的重要内容。

在海洋时代到来之前，古代重要文明成就主要生成于大陆内河流之滨或山脉之下，与人类进化环境密切相关。早期人类文明的产生更加依赖自然环境，具备适宜生态功能和生态区位并具有规模性的河流与山脉自然区域更易成为人类生存聚居的选择，并逐渐成为众多城市聚集之地，秦巴山脉以其中华文明之黄河、长江两大流域最大涵养补给区的独有地位，成为这类区域的典型代表。在漫长的历史进程中，秦巴山脉处于对人类的单向能量供给状态；随着工业文明的到来，城市的快速发展和人口的急剧增加，给生态供给源地添加了超负荷的压力乃至威胁，构成人类对山脉的能量反噬状态，修复自然与城市的关系成为紧迫问题；在生态文明时代，人类与自然应该具有更加天然的融合关系。人类从森林中获得生命能量，与哺育人类生长的山脉自然形成相互支撑、融合共生的理想状态，这是人类与自然的能量互惠状态。基于此，本书认为秦巴山脉与外围环秦巴城市地区是密不可分的人地共同体，应追求能量互惠状态，进而提出山脉-城市共同体理论概念。

本书认为要把秦巴山脉与外围城市地区作为整体，研究两者相互关系，突破单一就城市群或山区的研究方法，转而从山脉-城市的整体角度对自然区域与城市区域进行统一讨论，揭示内在依存规律，探讨合理相互关系，通过外围城市地区绿色强发展，实现山脉腹地生态大保护。这一新的研究思路，也开拓了对国家整体区域经济格局有重大意义的"秦巴山脉区域"这一新的研究领域。

借鉴相关经验与理论，本书将高价值、高敏感生态-城市集中区域的概念具体到山岳型地区，结合秦巴山脉特点，提出"山脉-城市共同体"概念，即规模性高生态价值及高生态敏感自然山脉与周边规模性城市聚集区构成的人与自然相互支撑协同共生的整体区域（图5-1）。

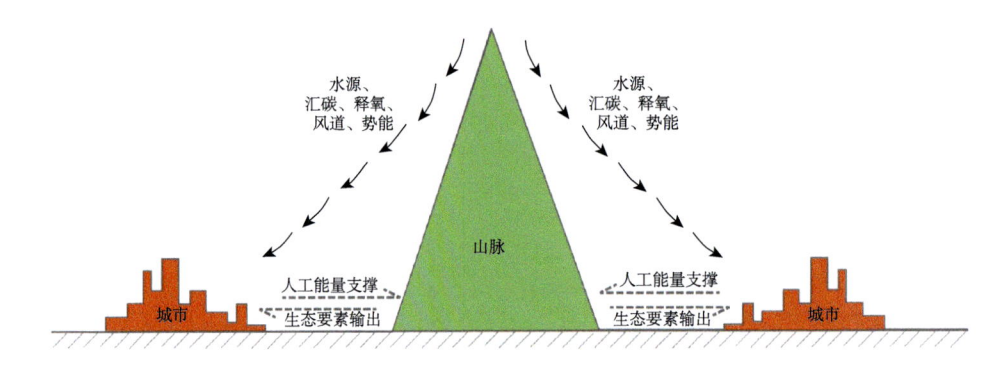

图 5-1　山脉-城市共同体示意图

结合秦巴现实，本书从相互关系、作用机制和实现路径三方面对山脉-城市共同体进行解析。

三、相互关系

首先，山脉-城市共同体中的山脉和城市均不是纯一属性。其所涉及山脉的范围往往较大，山脉内部除山、水、林、湖、草等自然生态基底外，一般还存在一定规模的农田、人居、工矿等社会经济要素，因此其自身并非纯粹的自然山体属性，而是融合自然与人文的复杂人地系统；其所涉及的也并非一座城市，而由于山脉的广幅联系度，山脉-城市共同体中所提城市更多的是指多个城市的聚集地区，各城市在自身人工建设基底的基础上，由绿廊分割，由交通连接。

其次，山脉-城市共同体中的山脉与城市之间存在极为紧密的相互联系。一方面，山脉腹地为周边城市地区提供着赖以生存的水、气、风等生存基础，以及植物资源、矿产资源等社会经济发展的生产资料，以及文化根脉的精神寄托；另一方面，周边城市对腹地山脉实行着行政管辖，往往表现为多个城市对应山脉腹地片区的多行政管理分割现状，同时城市地区为山脉腹地的公共服务、交通基础设施建设等提供着科技和资本支持，因此城市地区也是山区腹地人口、产业的理想外迁承接地。此外，山脉与城市之间往往通过文化产生精神联系，通过交通产生要素联系（图5-2）。

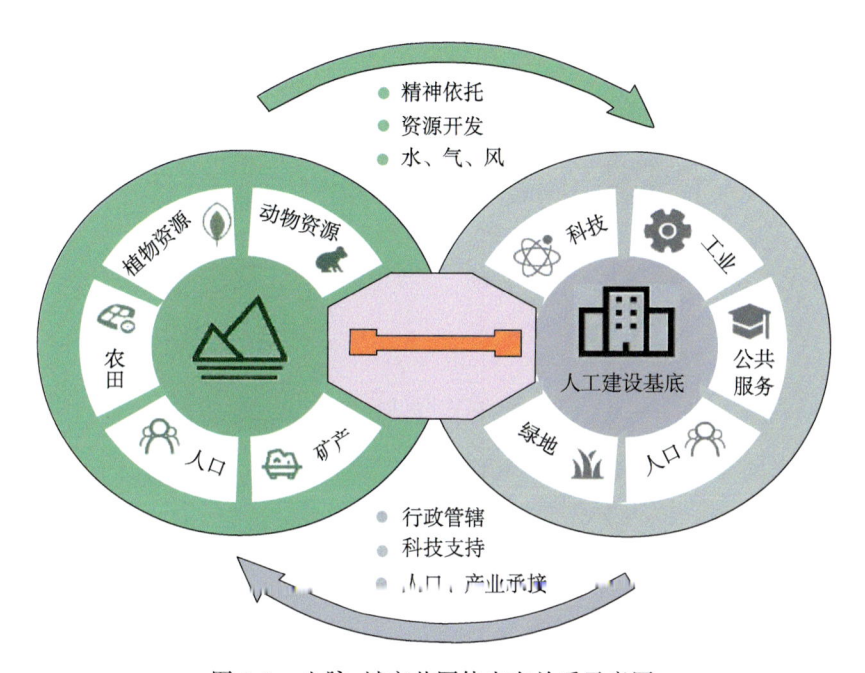

图 5-2　山脉-城市共同体内在关系示意图

四、作用机制

项目通过研究认为山脉-城市共同体的作用机制可分为以下三个阶段。

第一阶段：相对独立的生态依存初级阶段。该阶段山脉为城市提供生态生存的水气条件，为人类提供安全避灾屏障，以及矿产、木材等资源供给；城市依赖于山脉发展，对山脉造成资源和生态影响与干扰，但其规模在承载阈值之内，山脉总体不受威胁。

第二阶段：相互作用的要素反哺中级阶段。随着城市的发展，并对自然山脉一味攫取资源，获取资源的需求已超出承载阈值并造成破坏。城市需要对山脉进行生态修复、生态补偿的反哺；同时山脉腹地基于生态保护要求，逐步向周边城市疏解人口、产业等社会经济要素，逐步改善失衡的山脉-城市关系。

第三阶段：相互渗透的功能互动高级阶段。该阶段山脉和城市之间的功能打破纯一化属性，逐步走向多元互动，城市的科研、教育、游憩等生态清洁的城市功能逐步向山脉腹地渗透，强化山脉腹地人居聚落的绿色发展动力，形成山脉腹地的高品质绿色人居空间；山脉的生态、观览等功能逐步向城市边缘渗透，成为城市功能中不可或缺的近远郊绿色生态单元，成为城市地域空间不可或缺的一部分。二者最终形成敏感生态源得到良好保护、人居区域高品质绿色发展、山城功能高效相互渗透的生态文明共同体（图 5-3）。

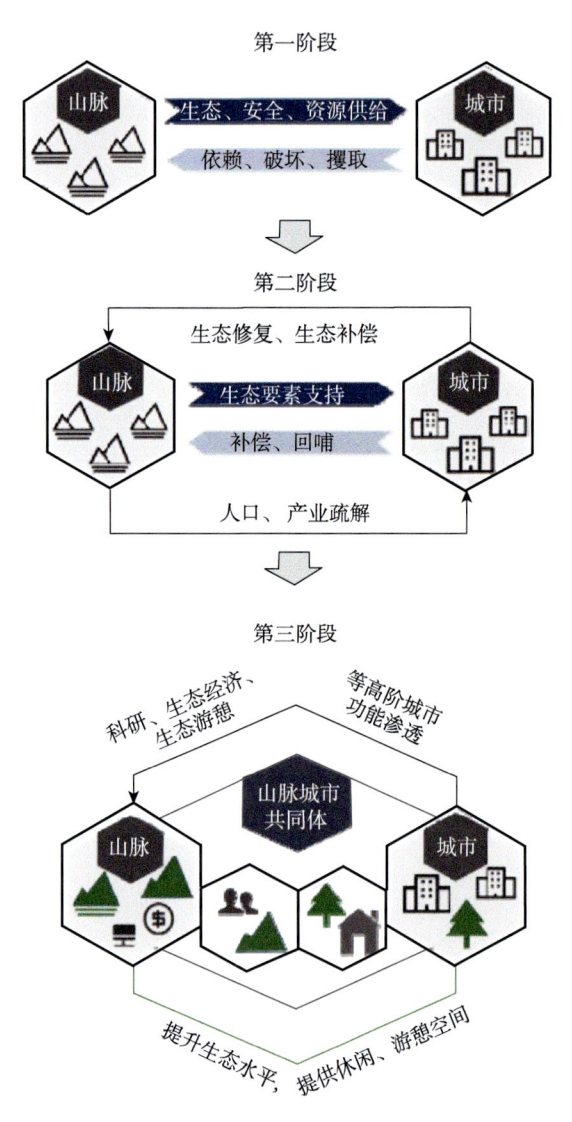

图 5-3　山脉-城市共同体作用机制示意图

五、实现路径

山脉–城市共同体要顺利过渡到高等级、高质量发展阶段，需要在山脉、城市二者内部以及二者之间形成生态、人文等多要素交流。项目认为山脉–城市共同体的实现路径可从要素互动和空间组织两方面进行构建。

首先，在要素互动层面，重点集中在生态、功能、人居、文化四个方面。

（1）山脉腹地对山、水、林、湖、草等自然生态开展生态保护，外围城市地区从跨流域治水、汇碳交易、生态补偿等方面进行生态共治，最终形成供给与反哺的生态平衡互动。

（2）山脉腹地对工矿、农田、人口等要素做减量引导，开展人口疏解、产业疏解、矿产管控和农田退耕，外围城市地区积极构建产业分工、形成分区准入政策、共建秦巴绿色品牌试点，最终形成强有力且分工分布明晰的产业功能支撑，为腹地人口、产业提供外迁承载地，进而形成疏解与承接的发展同步互动；同时，向山区提供适宜的高新科技等输入，提升原有科技类装备制造等产业绿色转型，形成山脉内外新经济互动协同。

（3）山脉腹地对城镇乡村等从绿色人居单元管控、流域人居整理以及绿色建筑营造等方面进行引导，构筑山脉内部的绿色高品质人居空间，外围城市地区从人才、科技、资金支持等方面，为腹地人居空间的建设提供外部支撑，并对山区绿色人居空间植入科研、培训、教育、清洁生产等生态经济功能，进而形成内部提振与外部支持共同作用的人居绿色升级。

（4）山脉腹地承载文化要素，外围城市地区开展联合申遗等文化共兴协同，进而形成传承与彰显交织呼应的文化互动。

其次，在空间组织层面，应以绿芯模式作为范式开展。

（1）在山脉腹地内部，以整体绿芯为原则，在山林打底的基础上，引导城乡人居空间呈高强度集中、低密度分散的特征分布其中，形成整体绿色、有机分散的空间组织特征。

（2）在外围环秦巴城市地区之间，以串珠环布为原则，在绿廊分割的基础上，各城市区呈簇团状，拱卫于山脉周边，形成不连续、不连绵的空间组织特征。

（3）内部山脉腹地与外围环秦巴城市地区之间，形成内部绿芯、外围城市区簇团散布拱卫的绿芯空间形态（图5-4）。

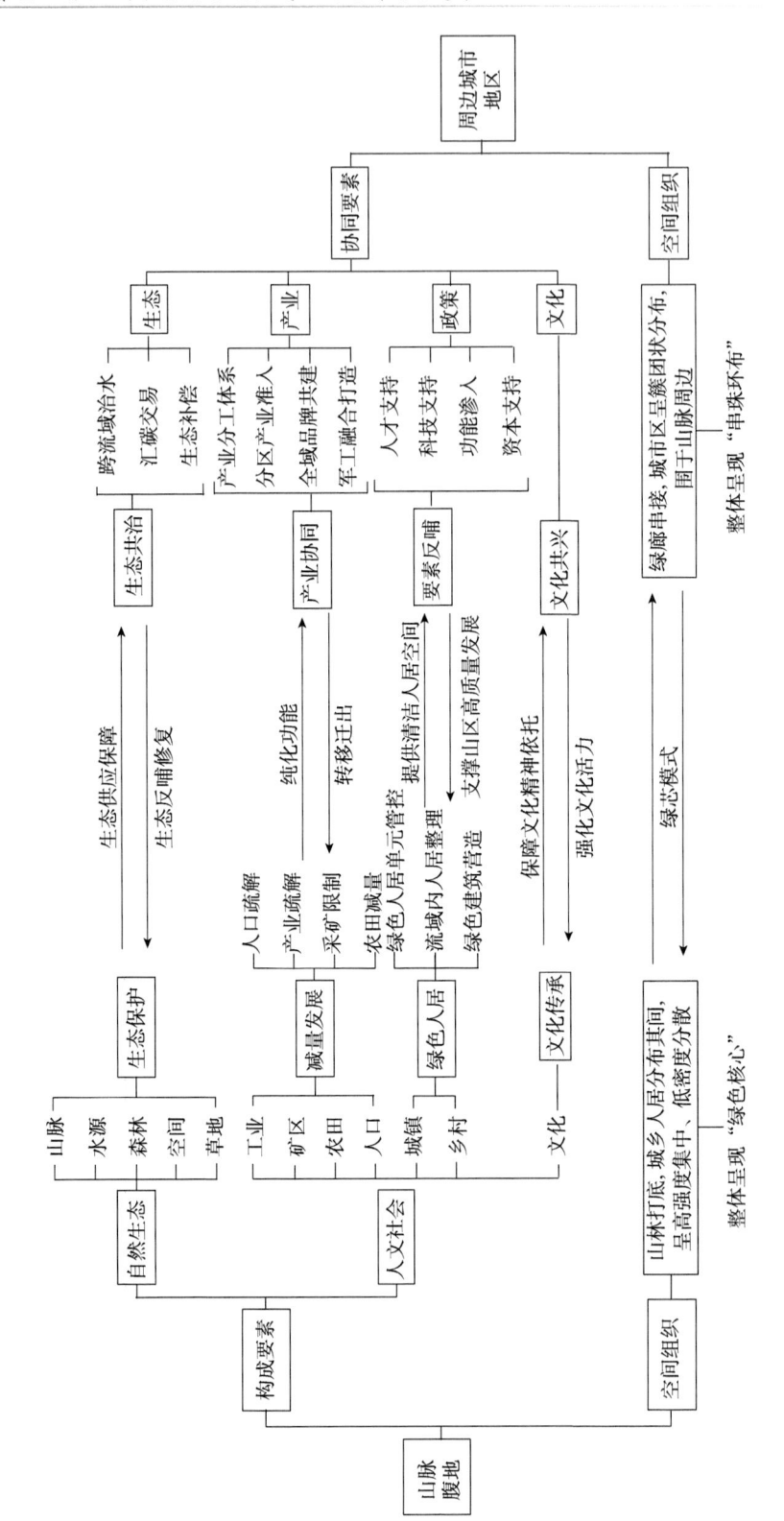

图 5-4 山脉-城市共同体实现路径示意图

第三节 绿芯组织范式

一、绿芯模式内涵

本书认为绿芯模式是山脉-城市共同体的理想实现范式,即秦巴山脉腹地作为秦巴山脉区域空间结构等多层面的生态绿芯,在强调生态严格保护的同时,加快产业绿色转型和城乡集约发展,并引导山区人口合理有序地向周边各层级城镇地区疏解;周边城市地区则形成绿色簇轴环状城市发展地带,成为绿芯生态保护与产业转型的强大支撑动力源。

该模式的空间组织具体包括以下三层含义(图5-5)。

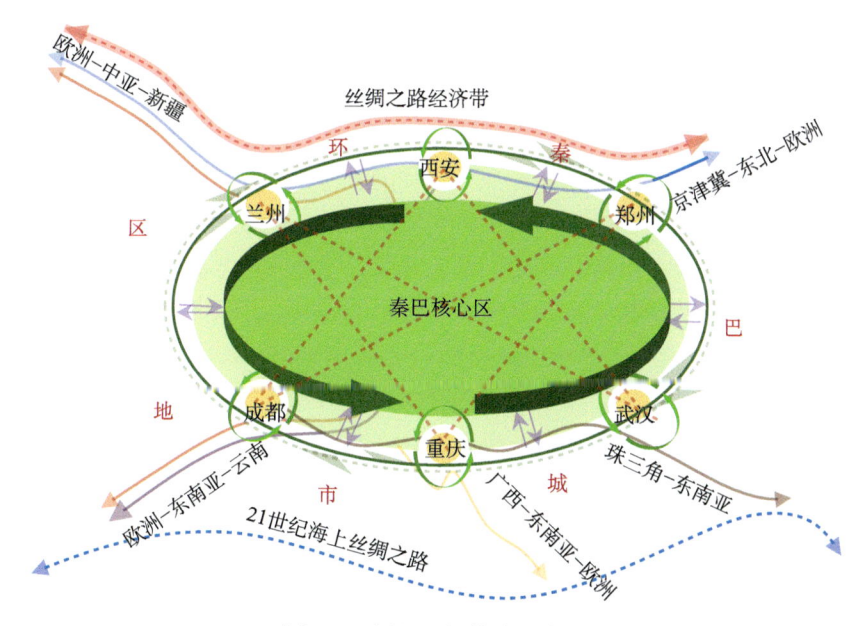

图 5-5　绿芯组织模式示意图

一是突出秦巴山脉腹地绿芯的生态大保护,强调山区城乡减量与产业绿色转型发展,强调点状集聚与散点低密度空间特征和人口疏解;各城镇群簇团之间的绿芯区域,要严格避免沦为连绵集聚扩展的城乡区域,要保障该区域的生态和乡村原生区的风貌与功能管控,整体城乡区域呈现低密度分散的空间组织形态。山脉腹地的重点城市建设地区(如地级市),则应是在绿色生态基底基础之上,呈现适度高强度集约发展、避免大规模空间扩张的形态。

二是通过外围中心城市强发展,反哺山区生态修复和转型,从跨流域治水、汇碳交易、生态补偿等方面进行生态共治。外围城市集群在空间组织中,要严格规避空间连续绵延，应引导其形成大分散、小集中的簇轴式集约城市形态。我国传统的城镇群区域的空间组织形态以密集连绵的城乡一体融合方式为基本特征，山脉-城市共同体由于山脉的自然阻隔，一般而言外围城市地区往往形成以若干个大的城市群为依托，以各大中心城市之间的快速交通通道为联通走廊，以城市区之间的田野、山岭为绿廊穿插的簇团状网络格局，避免环状连绵。特别是成渝、关中地区应以中心城市为主，形成集约发展城市群，城市之间以山岭田野为绿廊，强调与山脉形成良好的绿色渗透关系，通过必要的快速交通连接，并在信息网络技术加持下，促使其创新发展为新型网络城市群。

三是形成内部腹地之间、外围环带之间、内外之间的整体协同关系。特别是基于外围城市群与中央绿芯的关系，应重点考虑外围城市群与秦巴山脉腹地之间生态、能量关联，形成明确的功能有机分工格局，强化城市群对山脉腹地的人口承接、政策支持、文化共建等。要求秦巴山脉腹地和外围城市群形成紧密的内外协同联系和明确的功能分工格局。要强化秦巴山脉腹地作为生态绿芯的绿色转型发展，需要强化山区腹地的生态保护、产业绿色转型和山区人口疏解，以促进腹地绿芯的城乡绿色发展，同时要加强外围城市群地区对山脉腹地的生态补偿、人口承接、政策支持等方面的支持，以保障绿芯的生态环境保护。

在绿芯模式引导下，通过以国家公园为主体的生态保护地空间体系的建立、整体生态格局系统的修复、山区城乡空间不同等级管控等系列性整体措施（见下列分述），实现秦巴山脉区域整体绿芯模式空间结构。在城市内部等片区结构中，同样可以形成不同层次的绿芯结构。同时，强调山区产业结构绿色转型，促使绿芯特色在经济、社会、文化等多方面扩展，成为山脉-城市共同体的整体支撑。

二、秦巴绿芯模式

具体应用于秦巴山脉区域，绿芯模式则呈现以下特征：以关中平原城市群、成渝地区双城经济圈、武汉城市圈和中原城市群四大城市集聚区拱卫于秦巴山脉周边，各城市区之间由西郑高铁、郑武高铁、渝武高铁、西成高铁、西渝高铁等快速交通相联系；山脉腹地以山脉丘陵、河流水域、旷野农田等绿色自然要素空间为主，山区城乡空间低密度散布其间，形成以汉中盆地、月河谷地、十堰地区以及商丹盆地等城镇集聚区为依托的点状集聚、有机分散的空间形态；外围环秦巴城市地区串珠状簇团环绕，环带中各类绿色空间穿插并与山脉腹地融合贯通；整体形成以绿色空间统领的绿芯属性。

第六章

战略支撑路径

第一节 生态环境保护

秦巴山脉区域拥有十分突出的生态资源，具有十分重要的生态价值，秦巴山脉区域的绿色发展必须以生态环境保护为前提和根本。在当前生态文明战略的背景下，秦巴山脉区域的生态环境保护对于我国生态屏障安全、生态格局稳定均具有十分重要的意义。本书研究从区域整体生态安全格局、水资源保护、生态产品价值转换等方面，提出秦巴山脉区域的生态环境保护战略和支撑路径。

一、修复区域整体生态安全格局

生态安全格局对维护生态系统结构健康、控制生态过程起着关键性作用。本书根据秦巴山脉区域生态环境本底特征，分别对水源涵养、水土保持、生态固碳和物种多样性四种生态系统服务重要性与研究区生态敏感性进行评估，依据斑块单一生态系统服务重要性、生态敏感性及多功能性，识别出能够保障区域生态安全的生态源地；同时，利用研究区生态系统服务重要性取倒数构建基本阻力面，运用最小累积阻力模型识别生态廊道，在此基础上结合区域内河流水系、关键物种分布特征、自然保护区分布等形成带状生态廊道和踏脚石生态廊道；从而构建秦巴山脉区域生态安全格局，可为该地区建设发展及生态保护提供指导。

（一）重要生态源地识别

综合考虑秦巴山脉区域生态系统服务重要性和生态敏感性来确定生态源地，将生态系统服务重要性和生态敏感性评价结果进行叠加，在 ArcGIS 中对叠加后得到的生态系统重要性空间分布进行分析，计算得出秦巴山脉区域的生态源地斑块面积为 13.56 万平方公里，占秦巴山脉腹地面积的 44.17%，主要围绕岷山、秦岭、伏牛山、豫西南山地、米仓山和大巴山展开分布。这些斑块包含了研究区内重要的自然保护地。根据生态源地斑块所处地理位置，以及斑块之间的连通度，在秦巴山脉腹地共形成六大重要生态斑块，分别为以秦岭为中心的豫西南山地的生态斑块、以伏牛山为中心的生态斑块、以岷山为中心的生态斑块（两处）、以米仓山为中心的生态斑块和以大巴山为中心的生态斑块。

（二）关键生态节点识别

首先，结合秦巴山脉区域内各级自然保护区的分布情况，将面积较小，距离大型生态斑块较远的自然保护区，识别为关键生态节点，该类型节点共36处；其次，在生态源地之间生态薄弱位置处，以及远离大型生态源地，但面积大于4平方公里，且位置非常重要的地方，设置关键生态节点，起到连通生态源地的作用，该类型节点共6处。

（三）重点生态廊道设置

生态廊道是生态源地之间的连接，作为能量和物质流动的载体，是保持生态流、生态过程、生态功能、能量在区域内连续、连通的关键生态用地。基于生态源地和阻力面，构建最小累积耗费廊道，结合区域内四级以上河流，以连通重要生态斑块为目的，设置十条河流带状廊道，沿岷山—秦岭—伏牛山、岷山—米仓山—大巴山两条生物通道设置生物带状廊道，结合研究区内自然保护区分布情况，在带状廊道之间，以及相邻生态源地之间共设计26处踏脚石廊道。

（四）生态安全格局构建

在重要生态斑块和生态廊道的基础上，构建秦巴山脉腹地生态安全格局。生态安全格局的范围主要集中在研究区内的主要山脉（秦岭、伏牛山、大巴山、岷山、米仓山）以及河谷区域，对秦巴山脉区域的生态安全起到了重要的保障和支撑作用，是在未来区域发展过程中需要重点维护的区域范围。基于生态系统服务功能重要性的生态安全格局构建，是建立在生态系统服务现状基础上提出的规划策略，可为秦巴山脉区域国家公园规划布局、区域生态保护规划和生态文明建设提供重要依据。

秦巴山脉区域生态安全格局由六大重要生态斑块、十条河流廊道、两条生物通道以及26处踏脚石廊道组成。

通过将研究区内的108个自然保护区与生态安全格局进行叠加可发现，70%以上的自然保护区都被录入生态源地范围内。其中54个国家级自然保护区中，除了南阳恐龙蛋化石群国家级自然保护区、青龙山恐龙蛋化石群国家级自然保护区两处地质类自然保护区外，90%以上的保护区都已纳入安全格局中，包含地质遗迹、内陆湿地、森林生态、野生动植物等保护类型。

二、水资源保护

（一）水资源保护总体发展思路

1. 节约优先

坚持节约优先，以水定产、以水定城，全面推进秦巴山脉区域节水型社会建设，积极落实《国家节水行动方案》，严格控制水资源消耗总量和水资源消耗强度，全面提升水资源利用效率，大力推进污水再生利用和雨水资源化利用，逐渐形成节水型生产生活方式，以水资源利用效率和效益的全面提升推动区域内经济增长和转型升级。

2. 深化改革

坚持市场在水资源配置中的决定性作用，坚持政府主导与市场调节相结合，完善水资源有偿使用制度，激发全社会水经济可持续发展的内生动力。积极探索建立水权制度，在总结评估区域内水权交易试点和水流产权确权试点经验的基础上，扩大试点范围，加快建立用水权初始分配制度，稳步推进水权确权工作，积极培育和发展水市场，探索多种形式的水权交易形式。

3. 科技支撑

强化科技支撑，加强大数据、人工智能、区块链等新一代信息技术与节水技术、水资源监控管理的深度融合。重点开展取水精准计量、在线实时监测、水资源高效循环利用、精准节水灌溉控制、管网漏损监测智能化、非常规水资源利用等先进技术及适用设备研发。加强先进实用技术示范和应用，加快技术成果转化，推动跨领域、跨行业协同创新，大力培育节水产业和绿色产业。

建立及完善水权交易的法律法规，为水权确权及水权交易提供上位法的规范和保护；加快建立健全能够充分反映市场供求关系和水资源稀缺程度、体现生态价值和生态补偿成本的水资源价格机制，完善有利于水资源经济绿色发展的价格政策；建立健全农村饮用水源地监测、预警网络，建立饮用水源保护和应急保障技术。

（二）水资源保护战略对策

1. 健全相关法律规范，加强水资源经济绿色发展顶层设计

整合水资源税与现行资源税，提高立法层次。一是尽快将水资源全面纳入资源税的征收范围，健全资源税法律体系。严格按照税收法定原则，稳步推进水资源税改革，建章立制，为实现水资源税的全面征收提供法律依据。二是合理设置水资源税税率，应遵循以下三个原则：按照水资源保有量设置差异税率，水资源稀缺地区要高于水资源丰富地区；按照地区经济发展水平和生态环境保护成本设置税率，对经济欠发达、生态环境保护投入多的地区实行低税率；根据取水方式

设置税率,对地下水实行高税率、对地表水实行低税率、对再生水免征水资源税。三是建立健全水资源保护激励机制。在试点地区建立水资源税改革工作考评机制,按时间节点对试点地区水资源税改革试点工作进行综合考核评估;建立节水指标奖励机制,对完成节水指标的试点地区给予一定的资金和政策奖励。

2. 落实国家节水行动方案,全力推进节水型社会建设

深入落实农业节水增产,充分考虑水资源稀缺程度,优化调整农业种植结构,鼓励种植经济附加值高、耗水量少的农作物。大力推进工业节水减排,不断推进工业节水改造,引导企业开展节水技术升级及再生水回用,完善供用水计量体系和在线监测体系,强化生产用水管理。加快促进城镇节水降损,加快实施城镇供水管网漏损改造,科学合理制订并实施供水管网改造技术方案,提升供水管网检漏水平,加强对供水系统的运行监管。开展全民节水宣传行动,充分利用微博、微信等各类媒体,结合"全国城市节约用水宣传周""中国水周""世界水日"开展相应的主题宣传活动,提高民众水忧患意识和水资源节约保护意识。

3. 完善农村基础设施建设,加强农村饮水安全保障

贯彻落实农村饮水安全巩固提升工程。因地制宜采用扩容改造、管网延伸、联村并网、小型或分散式等供水方式,不断提高农村自来水普及率和集中供水率。加强农村饮用水水源地保护。规范饮用水源地建设,细化农村饮用水水源地建设要求、考核制度和责任,完善农村地区饮用水的监测预警、事故应急与评估监管机制,防止突发饮用水污染造成群体性事件。

4. 深化水价水权改革

全面深化水价改革,推动水资源税改革。深入推进农业水价综合改革,建立农业用水精准补贴;完善居民用水阶梯水价制度,推行城镇非居民用水超定额累进加价制度,进一步扩大特种用水与非居民用水的价差,逐步建立健全充分反映供水成本、促进节约用水的城镇供水价格形成机制和动态调整机制;基于水资源税扩大试点改革经验,探索建立合理科学的水资源税制度体系,加大水资源税改革力度。

全力推进水权水市场改革。推进水资源使用权确权,明确行政区域取用水权益,科学核定取用水户许可水量;探索流域内、地区间、行业间、用水户间等多种形式的水权交易形式;培育水权交易市场;加强水权交易监管,规范交易平台建设和运营。

三、生态产品价值实现的发展模式、宏观途径与战略对策

(一)发展模式

运用四象限模型,分析"绿水青山就是金山银山"的发展模式。第一象限"和

谐共生"是"绿水青山就是金山银山"绿色发展的一种新的阐释，也是生态产品价值实现的理论依据和终极目标。第二象限是绿色落后，即地区生态环境优美，但经济发展相对落后。它们很大程度上是生态资源富集区、生态脆弱区以及重要生态功能区等"三区合一"区，被赋予了生态产品生产供给功能，但生态产品生产在很长一段时间未获得合理回报，经济发展受限，形成了欠发达地区特有的生态资源诅咒效应，守着绿水青山，陷入经济上的滞后状态，称之为绿色落后。第三象限为拮抗发展，即资源枯竭型城市生态环境恶化，经济发展受限，并且未能抓住时机走上绿色转型之路，绿水青山与金山银山拮抗发展；第四象限为金色污染，这类地区以牺牲环境为代价，经济得到快速发展，收获了金山银山，却牺牲了生态环境，造成了严重的环境污染[①]（图6-1）。

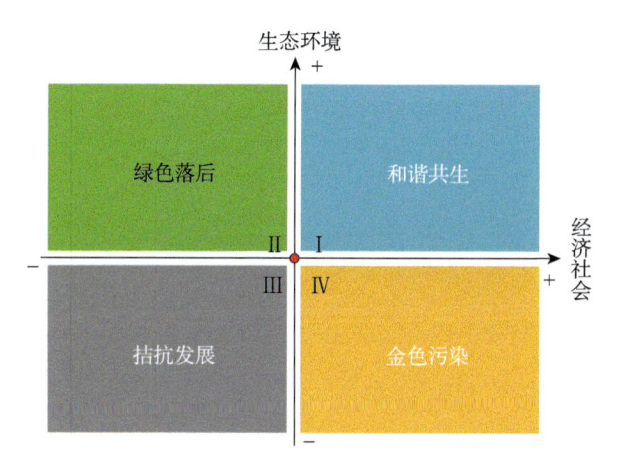

图 6-1 绿水青山就是金山银山发展模式图

绿水青山与金山银山的总和就是人类赖以生存的自然资源与环境，本章利用每一象限对应的"+""-"坐标符号及坐标原点代表绿水青山与金山银山的发展方向，来阐释四种发展模式。其中，"+"表示正向发展，即有利；"-"表示反向发展，即有害；坐标原点表示不受影响。和谐共生模式下"两山"双方获利，或一方获利、另一方无影响；金色污染和绿色落后模式下"两山"一方获利，另一方无影响或受损；拮抗发展模式下"两山"双方竞争，两者都受到不利影响。

通过分析可知，秦巴山脉区域属于和谐共生的县（区）仅为26.67%，其余县（区）都属于经济生态发展不平衡区域，其中有59.17%的县（区）属于生态环境好、经济形式差的绿色落后区域，12.50%的县（区）属于生态环境差、经济形式差的拮抗发展区域，1.67%的县（区）属于生态环境差、经济形式好的金色污染区

---

① 虞慧怡，王昊，张林波，等. 基于"两山"关系状态识别的长江经济带生态文明实现路径研究[J]. 环境科学研究，2022，35(10)：2348-2356.

域（表6-1）。

表6-1 秦巴山脉区域及环秦巴城市群经济生态指标

模式	县（区）数量/个	比例
和谐共生	32	26.67%
绿色落后	71	59.17%
金色污染	2	1.67%
拮抗发展	15	12.50%

注：本表数据未经修约，可能存在比例合计不等于100%的情况

针对秦巴山脉区域整体属于生态高地、经济洼地的现状，以及大部分县（区）属于绿色落后的困境，未来该区域的发展目标为经济生态协同增长；以促进生态产品价值实现作为未来发展路径。将生态产品潜在价值高、经济欠发达、实现基础好的绿色落后区，作为秦巴山脉区域生态产品价值实现的重点推进区。

（二）宏观途径

生态产品价值实现就是绿水青山向金山银山的转化，即从绿色贫困转变为共生增长的过程。各类生态产品的特点不同，其价值实现的主要途径也有所不同。生态产品价值实现的宏观途径主要包括直接市场、财税政策、权属交易和生态补偿等。

1. 直接市场

直接市场途径适合有合理市场价格，且消费者明确的本地独享和异地受益生态产品，包括经营生态产品和绿色生态产品中的生态工程产品，这些生态产品可直接进入市场交易实现其价值。直接市场途径竞争大，可不断提高生态产品的可持续生产能力和市场竞争能力，但此类生态产品市场占有率受消费方式和市场需求影响较大，需建立绿色消费的长效机制。

2. 财税政策

财税政策包括两个方面：一方面是主要依据《中华人民共和国环境保护税法》，对大气污染物、水污染物、固体废弃物等征收环境保护税，实现清新空气、干净水源和安全土壤的价值；另一方面是税收优惠或减免政策，对获得绿色、有机产品认证的农林产品、绿色能源的生物质能、生态友好的生态工程产品等，实行一系列财税优惠减免政策以实现生态产品价值。

3. 权属交易

权属交易适合能够通过产权界定消除消费的非排他性且能够计量的生态产品，如清新空气、干净水源、气候变化调节。它们可通过水权交易、排污权交易、碳排放权交易实现其价值。这种途径可降低总的治理污染的费用，同时使

政府职能转变，更能充分发挥市场机制的配置资源的作用。但产权界定较困难，中国市场经济体制还不完善，信息不对称、规则不明确、政策不确定性导致交易成本高昂。

4. 生态补偿

生态补偿主要针对公共生态产品，因为此类生态产品多为禁止开发区、重点生态功能区生产的消费者不明确甚至消费群体不明确的产品。尤其上下游的横向生态补偿，是化解当前我国水环境保护突出矛盾，实现干净水源价值的有效途径。生态购买是生态产品的一种创新方式，适合生态建设类成果的转让。生态补偿政策见效快，但生态补偿标准难以确定，目前我国生态补偿政策时效性偏短，生态产品价值不能持续有效得到实现。

（三）战略对策

1. 指导思想与基本原则

1）指导思想

牢固树立绿水青山就是金山银山的理念，以将生态产品充分融入我国市场经济体系为核心，推动生态产品向经济产品转变、由政府补贴向市场配置转变、由刚性监管向灵活经营转变，构建可复制的生态产品价值统计核算技术体系、与经济发展相适应的生态产品价格体系、以市场配置为主体的生态产品交易体系以及支撑生态产品价值实现的政策保障体系，建立起生态产品价值实现的市场机制，用搞活经济的方式充分调动起社会各方的积极性，让市场手段在生态环境资源配置中充分发挥引领作用，使绿水青山成为金山银山增长的强大资源，金山银山成为绿水青山价值的实现源泉。

2）基本原则

（1）大胆改革，从点到面。突破原有的制度体系限制，在技术、体制机制等领域和关键环节大胆创新改革，充分发挥试点示范的带动作用，逐步推动生态产品价值全面实现。

（2）实践优先，先易后难。从易操作的领域入手，将理论研究工作与地方实际情况紧密结合，在实践和应用中发现问题并解决完善，扎实推进，使理论与实践相互促进提升。

（3）政府主导，市场引领。充分发挥政府主导作用，为生态产品价值实现提供制度保障，让市场配置资源的手段在生态产品的生产消费过程中发挥引领作用，促进生态产品充分融入我国市场经济体系。

（4）创新支撑，消费带动。坚持科技创新，通过重点攻关尽快形成转化为实践可操作的模式，加大培育生态产品消费市场，带动生态产品市场交易。

（5）分级分类，统筹推进。根据生态产品等级和类型，形成差异化的保护、补偿、交易和管理的方式与路径；由要素管理向系统管理转变，以生命共同体的系统理念统筹生态产品价值实现。

2. 战略建议

1）提升秦巴公共性生态产品生产供给能力

提升优质生态产品是其价值实现的基础与保障，当前秦巴山脉区域生态产品面临着生态资源数量可观但生产能力不足的矛盾，尽快实现生态产品的量质齐升是当前迫切需要解决的关键任务。

加强自然保护地体系的建设与科学管护。目前秦巴山脉腹地各类保护地类型多、数量广，空间上交叉重叠现象较为严重，影响了保护成效，应在进行科学系统整合的基础上，建立完善的以国家公园为中心的自然保护地体系，并建议新增伏牛山、秦岭国家公园，在遵循自然生态规律的基础上进行科学管护，实现生态效益与经济效益。

统筹实施生态修复与治理工程。以山水林田湖草系统工程为依托，以干净水源、清新空气、生态安全等生态产品保障为核心，对生态保障工程进行总体设计和规划，提出重点任务与措施。继续实施天然林保护、良好湖泊生态保护等重大生态工程，巩固提高生态产品供给能力；加强生态脆弱和退化地区的整治修复。

制定生态保护红线区生态产品价值实现策略。秦巴山脉区域的生态保护红线划定任务即将完成，如何打破行政区划的限制进行统筹保护和管理是下一步面临的重要问题，生态红线区并不是无人区，不能采用一禁了之的方法，应尽快研究制定本地区的生态产品价值实现策略，在保障生态产品供给能力稳步提升的基础上，使生态产品生产者和保护者获得收益。

实施生态标签认证制度推进产业生态化。根据生态产品的类型特点提出生态标签认证，培育生态标签产品消费市场，对生态标签产品生产给予财政和税收扶持，激励企业绿色转型，促进产业发展的低碳循环，实现人与自然和谐共生。

扶持重点生态功能区，加大生态产品生产供给。秦巴山脉区域的重点生态功能区是生态产品的主产区，且多数为经济发展相对落后的绿色贫困地区。建议结合乡村振兴、山水林田湖草治理等重大战略任务，进一步加大对重点生态功能区的生态产品扶持力度。加大基础设施建设力度，合理规划交通路网建设，继续加强学校、医院及污水和固废处理等基础设施建设；扶持区域特色经济，在特色小镇、田园综合体、山水林田湖草等方面给予政策倾斜支持，结合自然禀赋促进生态产品经营发展；扩大人口生态就业，生态产品产业优先解决山区人口就业，加大对生态产品生产职业技术学校的扶持力度和扩大其招生人数；建立对口帮扶机制，将被帮扶地区的生态产品价值实现作为对口帮扶的工作目标之一，并将其与帮扶地区领导政绩考核相挂钩。

2）将生态产品培育成为战略性新兴产业

维持人类社会发展进步的不仅有人类社会经济系统生产的经济产品，还包括自然生态系统为人类提供的生态产品。

将生态产品生产培育成为战略性新兴产业就是要将公共性生态产品转化为可以经营开发的经济产品，用搞活经济的方式充分调动起社会各方的积极性，利用市场机制充分配置生态资源，充分利用我国改革开放后在经济建设方面取得的经验以及人才、政策等基础，以发展经济的方式解决生态环境的外部不经济性问题。

研究出台秦巴生态产品价值实现产业发展政策。培育生态产品生产业的关键是要把生态产品转变成经济产品，首要任务是以生物生产为前提明确生态产品的内涵定义，清晰界定生态产品与现有三次产业的关系，在现有国民经济体系分类目录的基础上，研究建立起生态产品分类目录，根据生态产品的类型和特征制定鼓励、限制、淘汰的生态产品产业政策。

大力培育生态产品的市场主体与利益分配机制。秦巴山脉区域各省市应达成协同发展框架，形成政府主导调控、企业投资获利、个人经营致富的生态产品发展利益分配机制。在协同发展框架下，政府扮演公共性生态产品投资人、供给人和消费代理人的角色，制定生态产品生产发展规划和市场化政策导向，实施生态产品供给保障重大建设投资，构建生态产品交易机制与平台，主导生态产品生产、供给与消费。充分发挥企业的创新精神和灵活经营的特点，引导社会资本积极参与公共性生态产品生产，企业通过竞争积极参与生态产品的投资、生产运营。在理顺生态产权的前提下，探索生态资源的承包、租赁、出让、入股、合资、合作等流转交易方式，使农民成为生态产品的权益人、经营人、生产人或投资人，使生态产品生产成为农民致富的手段。

逐步搞活扩大秦巴生态产品的品种和生产规模。当前世界各国可交易的公共性生态产品种类还不多，已开展的交易也以实验性或探索性居多。要积极探索开发扩大公共性生态产品的品种类别，以计量技术基础较好、受益主体明确的类型为重点，开发形成清新空气、干净水源、物种保育等新型公共性生态产品，成熟一个、扩大一个。充分总结吸取国内外水权、碳汇、排污权和用能权交易的经验，逐步扩大已有生态产品交易的规模和额度。

3）建立秦巴山脉区域生态产品价值实现综合试验区

生态产品价值实现是我国政府提出的伟大创举，没有现成的经验和模式可借鉴，秦巴山脉区域作为我国"两屏三带"（即青藏高原生态屏障、黄土高原-川滇生态屏障，以及东北森林带、北方防沙带、南方丘陵山地带）的重要一屏：黄土高原-川滇生态屏障，作为重要生态功能区占比最多的跨省级区域，有着丰富的生态产品类型和生态产品价值实现基础，建议在秦巴山脉区域开展多层次、多形式的试点示范：一是研究扩大生态产品的品种种类，探索与当地实际相符合的价值实现路径；二是建立科研机构长期驻点机制，让科研人员到田间地头，在实践中发现问题、解决问题；三是及时总结成功经验和有效模式途径，时机成熟后向全国推广经验。

四、构建基于秦巴山脉区域生态保护的协同机制

（一）建立统一、高效的秦巴山脉腹地自然保护地管理体制

对现状自然保护地逐步实施跨省界网络协同管理机制，在国家公园的试点阶段，建立秦巴地区自然保护地协同管理联席会议工作制度；在国家公园体制深化阶段，完善自然保护地统一管理配套机制。对秦巴山脉腹地自然保护地分级管理权责进行划分，并建立统一、高效的秦巴山脉腹地自然保护地管理体制，避免一地多名与交叉管理问题，明确机构单一保护管理职能，并促进多方参与管理模式的形成。

（二）构建跨省级的河流数据平台

在对秦巴地区河流自然与风景价值本底展开系统全面普查的基础上，由各省国有自然资源相关管理机构负责，形成统一的监控、防治、治理工作框架。首先，对秦巴山脉区域主要河流（流域面积在1000平方公里以上的河流）的基础信息、自然与风景价值和面临的风险进行调研，构建河流基础信息数据库。全面调研和挖掘河流在地质地貌、水生态系统、历史文化等多方面的价值，构建河流价值数据库。其次，根据现状调研，定义"自然风景河流"的概念，构建"自然风景河流"评价体系，包含价值评估和压力评估两方面。最后，设立河流保护专业人才基础信息库，优先录用有河流保护工作经验、相关自然资源管理专业背景与对河流保护有热情的人才，为进一步设置河流管理专业的岗位提供参考。

（三）建立秦巴山脉腹地及其周边地区统一成本分担和利益共享机制

考虑到环秦巴城市地区整体上发展水平不高，生态环境治理、基础设施、公共服务设施等领域还存在着大量历史欠账，需要长期大量的投入。建议重点集中在以下领域建立成本分担和利益共享机制。

创新基础设施建设的筹资机制，基于区域内一体化的基础设施布局，积极探索建立依"能力"为出资原则的新机制。对于那些责任归属地方政府，收益边界超过行政辖区的基础设施，可由所涉及的行政区合作建设，依据"能力原则"，即按照各地区人均财力水平作为出资比例，设立区域基础设施建设基金。同时鼓励社会资本参与基础设施的建设和运营。

统筹兼顾不同地区的合理诉求，在一定时期内适当向欠发达地区倾斜，在更高层面统筹区域内的税收收入，建立更加有效的利益平衡机制。对不同地区合作共建的园区，或者异地转移的产业项目，归属地方的财税收入仍依据属地原则，归属企业经营所在地。需合并统一纳税的，建议按照相关的经济核算指标作为分配权重在不同地区之间进行税收收入的分配，适当向欠发达地区倾斜，以确保不同地区都可以比较公平地获得相对合理、稳定的财政收入。

结合环秦巴城市地区的功能定位和在生态环境建设中承担的主体功能，建立区域生态补偿机制，让那些承担着重要生态保护功能的地区能够共享经济发展的成果，为更长效地解决环秦巴城市地区生态环境问题建立更加有效的激励机制。

（四）建立基于生态产品价值的生态补偿长效机制

生态补偿是公共性生态产品价值实现的重要方式和途径，我国现有的补贴式、被动式的生态补偿难以调动农牧民参与生态保护的积极性。建议学习借鉴国际上哥斯达黎加及相关国家成功的生态补偿经验，针对公共性生态产品建立起政府主导下的市场化生态补偿创新机制。

研究拓宽生态补偿专项基金渠道。研究将环境保护税扩展用于生态补偿专项基金，按比例提取重点开发区、优化开发区土地出让金，探讨生态彩票、生态债券、生态损害保险等资金筹集方式，鼓励调动社会资本参与生态补偿，扩大生态补偿专项基金渠道。

建立政府购买公共性生态产品的生态补偿市场机制。以县区为单位定期评估生态产品生产供给情况，综合考虑生态保护、民生改善、公共服务的需求，确定生态补偿资金额度并编制生态产品生产供给规划及预算，地方政府自主支配资金使用统筹安排生态产品生产供给。政府以土地产权作为生态产品权益的载体，建立体现山、水、林、田、湖、草等生态要素质量差异的生态产品分级价格体系，通过许可证交易的方式使农牧民的收入与土地生态质量挂钩，充分调动农户主动开展生态保护的积极性，实现生态产品和农牧产品效益的最大化。

（五）实践生态权属交易模式，探索绿色金融投融资机制

生态权属交易是公共性生态产品通过市场交易的价值实现方式，主要包括碳排放权、取水权、排污权、用能权等产权交易体系，秦巴山脉区域拥有丰富的水资源、森林资源和良好的生态环境，有条件进行各类生态权属交易，以同时支撑该区域的经济发展和生态环境保护事业。此外，发挥财税政策引导作用，建立鼓励生态产品发展的绿色金融与财税政策，完善生态补偿机制，加大财税对生态产品生产产业的支撑力度，制定有区别的财税政策。在我国绿色金融实践的基础上，将公共性生态产品纳入绿色金融扶持的范围，因地制宜挖掘地方特色的生态产品

类型，开发与其价值实现相匹配的绿色金融手段。

建议在秦巴地区开展多层次、多形式的试点示范：一是研究扩大生态产品的品种种类，探索与当地实际相符合的价值实现路径；二是建立科研机构长期驻点机制，让科研人员到田间地头，在实践中发现问题、解决问题；三是及时总结成功经验和有效模式途径，时机成熟后向全国推广经验。

（六）将生态产品价值纳入国民经济统计体系和绩效考核体系

国民经济统计核算作为宏观经济管理工具，在掌握国民经济运行供求总量和结构的状况与变化，为经济宏观调控及决策提供系统、完整的资料方面发挥着重要作用。生态产品价值未纳入国民经济统计体系，是造成生态环境问题的关键原因之一。为实时了解生态系统状况与变化，支撑生态环境保护决策部署，建议将生态产品价值纳入国民经济统计体系。

建立生态产品产业分类目录体系。在现有生态产品分类基础上，根据使用属性和市场化程度建立与国民经济既有衔接性又不重复的生态产品产业分类目录，促进生态产品的生产和发展。

建立可复制推广的计量核算方法。将生态产品价值纳入国民经济统计体系的前提是核算结果可重复、可比较，技术体系可在不同地区推广移植。建议组建生态产品价值核算总体专家组，研究建立生态产品价值统计方法，形成依托行业部门监测调查数据的生态产品价值统计核算体系，确保计量方法可以在行业部门应用。

以县级行政区为单位摸清生态产品家底。按生态系统要素开展生态产品清查核算工作，摸清森林湿地、草地农田、水土资源等生态资源存量资产和公共性生态产品等生态资源流量资产的家底状况。

将生态产品生产列入经济社会发展规划。将生态产品价值作为约束性指标列入年度发展计划和政府工作报告，制定生态产品价值保质增值的目标和任务，各级政府在向人大常委会报告经济发展状况的同时报告生态产品价值核算结果。

实现生态产品政绩价值。秦巴山脉区域以生态产品价值实现为核心，探索重点生态功能区地方政府生态文明建设绩效考核制度，应用于地区发展绩效考核和干部离任审计。

第二节　国家公园建设

一、建立以国家公园为主体的自然保护地体系

在一期项目研究中，项目组即提出应积极借鉴国外的自然保护地体系，通过构建国家公园、自然保护地、自然公园等形式，对秦巴山脉区域的高价值生态和

文化资源进行系统保护。2017年中共中央办公厅、国务院办公厅印发《建立国家公园体制总体方案》，明确提出在我国建立国家公园体制。项目基于对秦巴生态和文化资源的系统梳理，提出秦巴山脉区域的国家公园及自然保护地体系构建方案，为下一步在秦巴山脉区域内开展自然保护地体系构建提供借鉴和参考。

（一）构建目标与路径

1. 构建目标

在秦巴山脉区域构建以国家公园为主体的自然保护地体系，其保护强度、保护面积、保护性质等事关保护成效的基本属性必须得到充分保障和加强。主要体现在以下五个方面。

（1）分类体系明确，即在秦巴山脉腹地完善自然保护地体系分类标准，将其分为国家公园、自然保护区、风景名胜区、自然公园四大类型。

（2）空间布局优化，即在秦巴山脉腹地优化自然保护地体系空间布局，在生态系统、珍稀物种保护空缺地区新建自然保护地，优化和调整原自然保护地边界，保护秦巴山脉腹地生态系统的完整性和原真性，避免景观破碎化。

（3）管理体制健全，即在秦巴山脉腹地探索跨省域自然保护地管理协调机制，制定适宜的管理政策、配备足够的人员编制、设置充分的资金保障。

（4）文化特色彰显，即在秦巴山脉腹地自然保护地中实现生态价值和文化价值的融合，通过风景名胜区充分挖掘秦巴山脉区域历史文化资源禀赋，塑造秦巴山脉区域文化品牌。

（5）经济发展协调，即在秦巴山脉腹地自然保护地体系完善中协调生态保护与经济可持续发展的关系，包括和自然保护地周边城市群、周边乡村地区，以及自然保护地内部社区的关系。以下主要在自然保护地分类体系的基础上，从秦巴山脉腹地自然保护地空间布局优化的角度，提出可行路径。

2. 搭建路径

本书认为跨片区构建秦巴山脉腹地生态廊道是构建秦巴山脉区域自然保护地体系的重要路径。

本书认为太白山地区、岷山地区、神农架地区和伏牛山地区等片区尺度廊道的构建对缓解秦巴山脉腹地整体栖息地破碎化现象的作用有限，应进一步构建跨片区生态廊道。通过对比生态廊道与现有自然保护地的空间重叠关系，得出生态保护不足区域。国家公园成为廊道的重要节点片区，给重要珍稀物种提供相对完整的栖息地生境；新增自然保护地将进一步填补廊道保护空缺区域，完善优化廊道的连续性。

根据指示物种的适宜生境条件，进行最小成本路径廊道计算，识别其潜在的生态廊道范围，整合完善秦巴山脉腹地自然保护地体系层级，提升区域生态连续性。

（1）补充现有自然保护地与廊道核心区。自然保护地和廊道核心区是整个秦巴山脉区域保护价值与保护级别最高的区域。

（2）补充自然保护地缓冲区与廊道缓冲区。首先，自然保护地缓冲区与廊道缓冲区在空间上基本属于包围关系，既是核心自然保护地的保护与缓冲，同时未来可转变为核心自然保护地；其次，以高海拔廊道核心空间作为规划廊道空间，其缓冲区与低海拔廊道共同作为规划廊道缓冲区。

（3）优化廊道内潜在的自然保护地，保护全域林地资源。首先，将现高海拔、低海拔生态阻力较小的区域作为潜在斑块型生态功能管理区进行规划，提升生境质量，提升斑块连接度，培育未来的保护地。其次，以整个秦巴山脉腹地的现有林地作为林地管理区，也是生态本底区域。区域内进行较弱级别的生态功能管控，严守秦巴山脉腹地的林地面积与林地质量，在秦巴山脉腹地周边城市近山地区管控产业准入类型与城镇开发建设强度。

（二）国家公园建设方案

本书建议秦巴山脉腹地国家公园建设方案为四个，除现有大熊猫、神农架国家公园外，新增伏牛山、秦岭两个国家公园。其中，根据大熊猫国家公园陕西片区的不同优化方案，形成两种空间布局方式。

秦巴山脉区域现有大熊猫及神农架两个国家公园体制试点。参考《中国国家公园总体空间布局研究》，其在秦巴山脉区域的候选区域有四个：四川岷山大熊猫国家公园、湖北神农架国家公园、陕西秦岭国家公园与河南伏牛山国家公园。综合秦巴山脉生态廊道保护空缺范围，建议新增伏牛山国家公园和陕西秦岭国家公园。

（1）新增伏牛山国家公园。伏牛山-熊耳山地在秦岭地区有着最高的植物多样性保护价值，是最为重要的热点区域，并且存在极大的保护空缺。研究建议整合伏牛山、宝天曼、南阳恐龙蛋化石群、熊耳山、西峡大鲵省级自然保护区等国家级和省级自然保护区，西峡伏牛山、宝天曼、汝阳恐龙国家地质公园、尧山等国家地质公园，白云山、龙峪湾、寺山等国家森林公园以及石人山风景名胜区，建立面积约为6000平方公里的伏牛山国家公园。

（2）新增秦岭国家公园。大熊猫国家公园体制试点横跨陕西、甘肃、四川三省，其中陕西片区面积4386平方公里，仅占56%。现大熊猫国家公园陕西片区的保护区域虽然基本覆盖候选秦岭国家公园的核心区域，但在保护秦岭生态系统的代表性与完整性方面仍然不足，牛背梁国家级自然保护区、平河梁国家级自然保护区、汉中朱鹮国家级自然保护区等重要保护区及嘉陵江、汉江、丹江等区域主要江河源头未纳入保护范围，在珍稀动物栖息地及水源涵养地保护上存在缺失。同时，考虑到秦岭既是中国地理上的中心，也是有着悠久历史文化积淀的大山，无论是地理上还是文化上都具有无法比拟的重要标识性与代表性，应该有属于自己的国家公园。另外，大熊猫国家公园体制试点横跨三省，目前还没有探索出良好的跨省域协同管理机制。因此，本书建议整合扩大现在大熊猫国家公园的陕西片区，使其独立成为秦岭国家公园，大熊猫国家公园则主要包括现甘肃及四川片区。

大熊猫国家公园陕西片区独立为秦岭国家公园，适当扩大保护范围。首先，完善秦岭国家公园的水源地涵养及珍稀水生生物的保护功能，将嘉陵江东源、汉江北源、丹江源等长江流域主要支流河源地纳入国家公园边界。其次，将牛背梁、平河梁、汉中朱鹮国家级自然保护区及紫柏山四个重要的保护区纳入秦岭国家公园范围，进一步完善对于秦岭珍稀野生动物栖息地的保护，包括秦岭四宝的朱鹮和牛背梁羚牛集中活动片区等。

秦岭国家公园由原大熊猫国家公园陕西片区 4386 平方公里，扩大为 19 080 平方公里。这样秦巴山脉区域内国家公园总面积约占地 46 907 平方公里，约占总区域面积的 15.2%。该方案为推荐方案，其优势在于现大熊猫国家公园陕西片区包含该区域最核心的自然资源，如果能够适当扩大范围成为独立的秦岭国家公园，一方面利于陕西省管理，无须跨省协调；另一方面可集中体现秦岭的完整生态系统。其挑战在于需要进行体制协调，调整现在的大熊猫国家公园体制试点范围。

（三）自然保护地体系

1. 补充其他类型自然保护地

自然保护地主要在秦巴山脉区域生态廊道空缺范围内根据其主要保护的自然与文化资源进行完善与新增，使其与四个国家公园及现有自然保护地共同实现秦巴山脉区域生态廊道的基本贯通。因为推荐的国家公园建设方案中基本实现对秦巴山脉区域重要自然资源的完整保护，大熊猫、羚牛、金丝猴、林麝、朱鹮等珍稀野生动物栖息地也基本覆盖在内，因此新设自然保护地类型主要为风景名胜区与自然公园，总共十个。

（1）新增四个风景名胜区。在文化与自然双重价值保护空缺的地区，经过专家论证新增风景名胜区。本书建议新增四个风景名胜区：重庆市宁厂盐业遗址风景名胜区、甘肃省《新修白水路记》摩崖风景名胜区、商洛崖墓风景名胜区与东龙山遗址风景名胜区。

（2）新增六个自然公园。秦巴山脉区域水源涵养地的保护尤为重要，针对现有自然保护地空缺中的河流自然风景价值保护不足问题，经论证可新增国家级或省级以河源地保护为主要目标的自然公园。本书建议新增六个风景河流类自然公园，包括曙河自然公园、肖口河自然公园、牧马河自然公园、玉带河自然公园、燕子河自然公园和漠河自然公园。

2. 构建秦巴山脉区域自然保护地体系

在完善秦巴山脉区域生态廊道连续性的基础上，梳理并优化秦巴山脉区域的国家公园与自然保护地空间体系。建议分为四类：国家公园体制试点、自然保护区、风景名胜区和自然公园。

通过基于指示物种适宜生境的廊道分析，建议新增伏牛山国家公园，优化现大熊猫国家公园陕西片区并新增秦岭国家公园，补充新增风景名胜区和自然公园共十个，进一步填补现自然保护地的保护空缺，完善廊道区域的空间连接性，同时整合保护地重叠区域，明确其保护地类型，形成秦巴山脉区域的自然保护地空间体系。通过自然保护地体系的整合与完善，形成新的秦巴山脉区域自然保护地空间分布关系，自然保护地占比也将调整为42.15%（表6-2）。

表6-2　秦巴山脉区域自然保护地体系现状与规划面积及占比

项目	现状 面积/千米^2	现状 占比	规划 面积/千米^2	规划 占比
国家公园体制试点	28 304	8.90%	46 907	14.75%
自然保护区	8 598.6	2.70%	7 562.6	2.4%
风景名胜区	30 063.4	9.45%	32 863	10.3%
自然公园	42 140.6	13.2%	46 765	14.7%
总计	109 106.6	34.25%	134 097.6	42.15%

注：规划面积仅为初步预估，准确面积还需进一步论证划定新建保护地空间范围来计算

二、总体战略

（一）构建生态廊道

基于保护地指示物种适宜生境，进行最小成本路径廊道计算，识别潜在生态廊道范围，在廊道空缺处新增保护地，具体通过补充现有自然保护地与廊道核心区、补充自然保护地缓冲区与廊道缓冲区、优化廊道内潜在自然保护地，以整合完善保护层级，提升秦巴地区的生态连续性。

第一，补充现有自然保护地与廊道核心区。自然保护地和廊道核心区是整个秦巴山脉区域保护价值与保护级别最高的区域，具有最高保护等级和保护价值。自然保护地和廊道核心区按照最高保护等级进行规划与管理，严格禁止开发，限制人类活动。各片区现有自然保护地着重现状提升，新增加的面状自然保护地依照所在片区保护地构建当中的新增区域划定，主要集中在太白山周边和岷山片区东北部等。新增廊道型自然保护地按照基于高海拔适宜生境的核心区域划定。

第二，补充自然保护地缓冲区与廊道缓冲区。首先，自然保护地缓冲区与廊道缓冲区在空间上基本属于包围关系，既是核心自然保护地的保护与缓冲，同时未来可转变为核心自然保护地，主要包括廊道缓冲区和植物物种保育区两种。其

次，以高海拔廊道核心空间作为规划廊道空间，其缓冲区与低海拔廊道共同作为规划廊道缓冲区。缓冲区对建设形式、数量与产业发展形式进行限制，在未来廊道缓冲区可逐渐转变为廊道核心区。最后，植物物种保育区对秦岭东段伏牛山区域周边较多的珍稀植物物种资源进行针对性保护，隔绝周边人类聚集区的潜在威胁，同时提升伏牛山及其周边保护区之间的连接度，形成一体化保护。

第三，优化廊道内潜在自然保护地，保护全域林地资源。首先，将现高海拔、低海拔生态阻力较小的区域作为潜在斑块型生态功能管理区进行规划，提升生境质量，提升斑块连接度，培育未来的保护地。其次，以整个秦巴山脉区域的现有林地作为林地管理区，是整个秦巴地区的生态本底区域。区域内进行较弱级别的生态功能管控，严格守住秦岭地区的林地面积与林地质量，其周边控制产业类型与发展建设强度（表6-3）。

表6-3 生态廊道与自然保护地体系列表

保护等级	保护地类型	保护功能	管理措施	保护策略	现有用地情况
级别1廊道	新增面状自然保护地 新增廊道型自然保护地	针对性保护各个自然保护地内部的优势生态资源	新建自然保护地	具有最高保护等级，按照自然保护区相关要求进行规划与管理，严格禁止开发，限制人类活动，有明确的规划范围	
级别2廊道	廊道缓冲区 植物物种保育区	为跨区域廊道提供缓冲，减少物种迁徙干扰 保护伏牛山区域的珍稀植物物种资源	培育自然保护地	具有较高的保护等级，对区域内的人口数量、产业类型与开发强度有明确限制，未来逐步引导成为严格保护地	有较多耕地与部分建设用地重叠，建设有难度 多为林地，构建难度较低
级别3廊道	潜在斑块型生态功能管理区	保护现有生境质量较高区域，提升斑块连接度，构建未来保护地	优化潜在自然保护地	具有中等保护等级，大多为现有林地。政策引导逐步减少人口数量与用地面积，恢复林地，提升生境质量，培育未来保护地	基本为现有林地，构建难度低
级别4廊道	林地管理区	秦巴的自然保护地体系的本底区域，林地的整体保护	构建生态基底	具有较低的保护等级，大多为现有林地。政策引导减小用地规模与人类活动对林地的影响，扩大林地面积，提高林地生态系统质量	基本为现有林地，构建难度低

（二）保护风景河流

在现有自然保护地体系中新增河流类自然保护地，旨在对有突出自然与风景价值的河流进行系统保护，填补保护空缺现状，并建立系统健全的河流管理体制。

第一，新增河流类自然保护地，并纳入现有自然保护地体系，补充完善自然公园类型。在秦巴山脉区域河流自然与风景价值摸底与评价标准完善的基础上，根据其价值重要性级别及受威胁压力指数，进行制图与空间落实。首先，将河流空间信息与秦巴自然保护地分布进行叠加，并识别现有保护地与主要河流保护区域的重叠与空缺关系。①对于与自然保护地边界有重叠的河流，依据现有自然保护地范围对河流保护地的范围进行微调整，优化其管理保护的可操作性，并优先提出协调自然保护地内部及毗邻河流保护廊道的工程设施建设规范，采取优化设施布局、降低景观影响与避免河流污染等控制手段；②位于自然保护地边界外的河流，根据其重要程度分批次划定保护范围，新增河流类保护地，划归自然保护地子类，进一步完善秦巴生态廊道的连贯性，并将自然风景河流保护地体系纳入现有自然保护地系统的自然公园类别之中。其次，保护对象以河流廊道为主体，纳入河流及河岸一定范围内的土地区域，根据河流本体价值特征进行划定，不局限于现有保护地的边界，明确河流类自然保护地体系的空间分布与边界。最后，依据价值等级及受压力程度划分不同的河流类型，并在此基础上划定短期、中期、长期三个保护批次，从河流价值相对高但同时受威胁压力大的河流开始，同时明确需要重点关注的生境栖息地节点区域。

第二，建立系统健全的河流管理体制，理顺河长制与当地自然保护地管理机构关系。在明确秦巴山脉区域河流自然与风景价值保护管理现有制度的基础上，构建针对河流的系统管理体制，进一步理顺不同管理机构之间的权限层级。在具体案例中分析5级行政领导所兼职河长与自然保护地管理机构的具体权限范围，进一步明晰河流保护管理的交叉与空缺内容，提出构建自然与风景河流系统保护管理体制，并在此基础上出台专项河流管理条例，设立河流管理专员职位，落实并跟进监测具体河流保护措施，使自然与风景河流保护工作进一步细分化、专业化、职业化。

（三）吸引旗舰物种

针对秦巴山脉区域旗舰物种缺失与部分物种数量锐增问题，建议引入大型肉食动物华南虎以提升地区生态链质量，并尽快开展可行性研究与相关实践工作。

第一，加强对华南虎引入可行性的研究。相关研究表明，华南虎相对适宜的栖息地集中在大巴山、大别山区域，秦岭区域和神农架的栖息地破碎化问题过于严重且相对孤立，属于次级栖息地。本书认为，基于保护条件好、受保护比例高的自然保护区开展栖息地改造和猎物种群复壮工作是非常必要的，面积较小但保护措施齐备的地区比面积较大但保护面积较小或破碎化严重的区域更适合进行野化放归工作。然而，华南虎引入的可行性还需要深入探索。

第二，开展有利于华南虎引入的实践工作。首先，完善保护体系与廊道建设，有效解决华南虎生境破碎化的问题。具有旗舰物种地位的大型肉食动物对于栖息地生境质量有着更高的要求，因此改善栖息地质量是重新引入旗舰物种的基础步骤。其次，应与华南虎保护的非政府组织（non-governmental organizations，NGO）进行进一步合作，探索华南虎引入的方式和路径，加快华南虎野化技术与繁育工作的进展。

（四）融合自然文化

通过构建秦巴地区文化遗产层级、文化遗产廊道与文化展示体系，进一步强调地区文化高度、实现系统保护并实现文化复兴，从而匹配地区文化资源禀赋，提升文化地位。

第一，构建秦巴文化遗产层级体系，强调文化高度。以秦巴地区文化价值识别为依据，构建具有不同保护、宣介、利用力度的由价值层级、载体层次组成的文化层级体系。这包含：①文化价值层级，凸显华夏文明起源地、古代中国政治摇篮地、中华思想精神塑造地，彰显大秦巴地区世界级影响力的文化价值，识别其集聚的空间范围并开展相关文旅、宣传活动，重塑文化价值的吸引力、影响力；②文化载体层级，以文化遗产与自然遗产相互依存的程度为划分依据，对不同文化载体进行分级保护（表6-4）。

表6-4　秦巴地区文化价值层级体系

级别	名称	特点	要求
一级：世界影响力	华夏文明起源地	无论是从神话传说，还是从历史考古而言，本区域都是华夏文明重要的起源地之一	最为严格的保护，不遗余力地广为宣传，使其成为整个秦巴地区的文化名片
	古代中国政治摇篮地	我国建都时代最早、建都王朝最多、定都时间最久、都城规模最大、历史文化遗址最丰富的区域	
	中华思想精神塑造地	儒、道、佛三家思想精神均与秦巴地区有莫大关联	
二级：全国影响力	三皇五帝文化	伏羲、女娲、神农、炎帝、黄帝、华胥氏均与本区域密切关联	严格保护、大力宣传，成为秦巴地区璀璨的文化明珠
	古人类活动遗址	100万年前早期猿人至晚期智人的演化序列从未灭绝中断	
	国都文化	周、秦、汉、唐等13个王朝在此区域建都	
	儒家文化	周公制作礼乐；汉代所形成的经学教育制度和管理选拔制度	
	道家文化	早期道教重要的发源地；唐代时"皇家道观"；全真道起源地	
	佛教文化	中国佛教传播的重要策源地；中国佛教翻译事业的新局面；汉传佛教八大宗派中的六大宗派的祖庭	
	蜀道文化	蜀道串联起古秦巴地区，为多种文化进行沟通、交流的联结网络；蜀道串联起各大文化圈，成为南北多种地域文化的融合地	

第二，构建秦巴文化遗产廊道体系，实现全面保护。古道系统联系整个秦巴

地区，是自然价值与文化价值的共同体现。依托古道体系，实现：①挖掘阐释古道价值，构建分级保护模式。对古道进行整体的调研与排查，识别遗存的重要段落和重要节点，并与秦巴地区的文化遗产保护体系、自然保护地体系综合进行识别，形成具有不同保护目标、保护力度和保护措施的保护等级。②依托古道文化载体，构建区域协同管理机制。以古道体系为骨架，结合保护分级，分类建立具有不同目标、措施的自然保护地与文化遗产的协同管理机制。

第三，构建秦巴文化遗产展示体系，完成文化复兴。这包含：①凝练核心文化内核，打造品牌集群。根据识别的秦巴文化价值，建立起中华文化圣山的秦巴地区核心文化品牌，集中展现核心文化价值，形成品牌集群化，并强化对文化、自然资源的双重管理与展示。②识别文化地理中心，形成密集展示。根据秦巴文化遗存的空间分布情况，识别出文化遗存的地理集聚中心，依托上述集聚中心建设文化体验基地、文化宣示博物馆、文化教育基地等，形成文化品牌的密集展示，助力文化产业发展。

（五）协调跨省治理

对现状自然保护地推进实施跨省界网络协同管理机制，在国家公园的试点阶段，建立秦巴地区自然保护地协同管理联席会议工作制度；在国家公园体制深化阶段，完善自然保护地统一管理配套机制。

第一，国家公园体制试点阶段，建立秦巴地区自然保护地协同管理联席会议工作制度。国家公园体制试点期间，各自然保护地管理归属不变，建议由国家林业和草原局作为召集单位，建立秦巴地区（五省一市）自然保护地协同管理联席会议工作制度，并在西安设实体办事机构，各省、直辖市人民政府相关职能部门作为成员单位应在自然资源监测数据联网、区域生态保护行动、旅游发展计划制订、森林防火和病虫害防治等方面做出努力。联席会议每季度召开一次，并设立政策决策小组、技术专家小组、事务协调小组进行分组议事讨论，由联席会议办事机构每年统一对外发布工作成效白皮书。

第二，国家公园体制深化阶段，完善自然保护地统一管理配套机制。国家公园体制试点期满且相关条件成熟后，撤销秦巴地区自然保护地协同管理联席会议办事机构，直属工作人员编入国家林业和草原局自然保护地管理司秦巴办事处，联席会议承担的保护地区域协调和统筹发展职能由该工作部门负责。秦巴办事处应根据区域优先原则，发起并推进五省一市间的项目合作并致力于生态保护行动的连续性，凝聚秦巴地区生态保护事业共识；积极为各级保护地管理单位提供咨询服务，增进保护地管理单位与国际组织、企事业单位、非政府组织的合作伙伴关系；加强国家林业和草原局自然保护地管理司的区域执行力，为相关政府机构制定政策和编制规划提供分析与支持；通过广泛交流来提升社会公众对于国家公园建设的认知和参与程度。

（六）完善管理体制

对秦巴山脉区域自然保护地分级管理权责进行划分，并建立统一、高效的秦巴山脉区域自然保护地管理体制，避免一地多名与交叉管理问题，明确机构单一保护管理职能，并促进多方参与管理模式的形成。

第一，秦巴山脉区域自然保护地分级管理权责划分。由国家林业和草原局自然保护地管理司秦巴办事处统一协调秦巴地区五省一市自然资源管理部门，根据国家林业和草原局的要求制定各自然保护地的管理政策、人员编制和资金配置。国家公园由国家林业和草原局自然保护地管理司直管，试点阶段可由各省政府代管，再逐步过渡为国家直管。自然保护区、风景名胜区、自然保护地分为国家级、省级两个层级，其中国家级保护地管理单位由各省自然资源管理机构代管，省级自然保护地管理单位由各省自然资源管理机构直管。各自然保护地管理机构建立中央和地方政府、市场、社会等多方筹措的资金机制。

第二，建立统一、高效的秦巴山脉区域自然保护地管理体制。建立统一、分级明确的秦巴山脉区域自然保护地管理体制。各国家公园、自然保护区、风景名胜区、自然公园做到一个保护地、一套机构、一块牌子，避免一地多名和交叉管理。明确自然保护地管理机构的单一的保护管理职能，避免承担经营、社会等其他职能，并建立多元共治、多方参与的保护管理模式。保护地管理单位与属地人民政府权责清晰，由地方政府履行辖区内经济社会发展、公共事业服务、社会管理、市场监管等职责，保护地管理单位主要负责与生态资源保护和监测、自然资源资产管理、访客体验管理和解说教育相关的工作。

（七）优化交通体系

整合区域过境交通体系与基础设施建设，优化现有交通、管控新规划交通，从而实现生态廊道的连通性，并依托秦巴地区的古道体系，构建风景道与国家步道，串联地区自然与文化相融合的游憩遗产廊道。

第一，避开生态廊道，整合区域过境交通体系与基础设施建设。梳理秦巴山脉区域的现有交通体系与生态廊道的冲突点并对其进行优化，在整合现有的交通网络及确定新的交通道路选线时，在不阻断或至少一定程度保障生态廊道连贯的基础上，构建省域、市域间快速交通廊道，为产业联动与提升游客流量提供保障。

第二，依托秦巴地区的古道体系，构建风景道与国家步道。秦岭是华夏史前与史后文明的巨大宝库，秦岭古道最为集中地记录着华夏文明的历史沧桑。古道系统可以作为自然山水与历史文化相结合的特殊载体，串联整个秦巴地区，是自然价值与文化价值的共同体现。依托古道体系，可以构建连通城市与自然保护地之间的自驾游的风景道,以及建立适合徒步、骑行的国家步道,依托秦巴古道沿线的各类文化与自然遗产节点,形成秦巴地区特色的可供游憩的遗产廊道。

(八)加快乡村振兴

发挥秦巴山脉区域国家公园与保护地联合品牌效应,提高生态农林产品附加值,形成秦巴山脉区域生态农林产业品牌与健康、绿色、有机的生态农林产品体系,并鼓励自然保护地管理机构联合相关主体,建立乡村振兴联席委员会。

建立秦巴山脉区域生态农林产业品牌,形成健康、绿色、有机的生态农林产品体系。充分发挥秦巴山脉区域国家公园与保护地的联合品牌效应,提高生态农林产品附加值,从而带动乡村经济发展。借鉴法国国家公园(Parcs Nationaux de France,PNF)的经验,应由相关部门为自然保护地周边的产品设计具体的准入规则和管理标准,以提高生态产品的经济附加值。秦巴山脉区域自然保护地周边的乡村地区,具备生态农林产业发展的环境条件。例如,在汉中、安康、商洛等市,已经具备食用菌、茶叶、中药材等有地方特色产品。而依托于陕西汉中朱鹮国家级自然保护区的"朱鹮品牌"已经初具成效。因此,秦巴山脉应加快建立区域品牌,带动周边地区经济发展,助力乡村振兴(表6-5)。

表6-5 秦巴山脉区域特色农产品品牌建议

区域	特色农林产品	地理标志产品/个	龙头企业/家	总收入/亿元	推荐农产品品牌
汉中市	绿色蔬菜、柑橘、稻米、茶叶、食用菌、中药材、乌鸡、生猪等	13	195	116	柑橘、中药材、乌鸡
安康市	绿色蔬菜、富硒茶、蚕桑、绞股蓝、魔芋、木瓜、核桃、狮头柑等	7	127	233	富硒茶、木瓜
商洛市	板栗、核桃、葡萄、柿子、茶叶、黑木耳、丹参、九眼莲、香菇、中药材等	12	81	168	中草药、丹参
陇南市	花椒、核桃、油橄榄、茶叶、蔬菜、中药材等	14	169	151	中药材、茶叶
广元市	木本油料、红心猕猴桃、茶叶、烟叶、蔬菜等	24	307	113	红心猕猴桃、茶叶
巴中市	核桃、茶叶、药、银耳、香菇、板栗、银杏、生漆、杜仲、黄柏、厚朴等	20	163	74	核桃、茶叶
十堰市	木耳、贡米、肚倍、香菇、柴胡、黄连、白羽乌鸡等	39	54	286	白羽乌鸡、贡米
南阳市	方城丹参、桐桔梗、南召辛夷、西峡山茱萸、猕猴桃等	5	292	638	猕猴桃、辛夷

(九)促城市宜居

增强秦巴山脉区域优质环境资源对周边城市宜居的生态系统服务供给,构建"保护+生态服务"产业体系,给城市居民提供高质量自然游憩与教育机会,并建立秦巴国家公园集群，依托城市作为旅游服务基地，构建旅游增值体系。

第一，增强秦巴山脉区域优质环境资源对周边城市宜居的生态系统服务供给，并给城市居民提供自然游憩与教育机会。首先，贯通秦巴生态大廊道有利于调节城市气候，有助于地表径流与土壤水分涵养，并供给城市干净水源与清新空气，保障城市宜居的优质自然环境。其次，秦巴山脉腹地地处五省一市交界中心腹地，是周边城市连绵带的中央绿肺，给城市居民提供了一日可达的亲近自然的机会，并让平日在城市忙碌的居民能够走入身边的国家公园，享受自然美学与精神上的陶冶。最后，构建秦巴山脉腹地"保护+生态服务"产业，依托于国家公园和自然保护地体系，建立服务于城市居民的高质量自然游憩与教育基地，提供餐饮、住宿、户外装备、漂流、徒步、攀岩、滑雪等特许经营项目，以及青少年自然探索、自然科普、拓展体能训练等教育项目。

第二，建立秦巴国家公园集群，依托城市为旅游服务基地，构建旅游增值体系。从国家公园体制建设的第一批试点分布来看，大熊猫国家公园与神农架国家公园都位于秦巴山脉腹地，同时建议新增秦岭国家公园和伏牛山国家公园，秦巴山脉区域已初具规模，未来有望形成中国首个国家公园集群，与国家林业和草原局规划建设的世界第三极青藏高原国家公园集群，形成我国西部与中部的两个国家公园集群。同时，秦巴山脉区域，以大熊猫、秦岭、伏牛山国家公园为骨架，以秦巴古道、文化起源地、文明摇篮、多元文化交融等为血肉，蕴藏丰富旅游资源，可进一步建立从城市到乡村再到自然的富集化旅游增值体系，以城市作为旅游服务基地，为核心生态环境区域疏解旅游压力，并提供高品质、高容量的旅游基础设施。

三、行动计划

（一）建立面状、廊道型自然保护地

新增面状、廊道型自然保护地均由各省自然保护地管理局负责统筹，是自然保护地网络优化当中最优先完成建设的自然保护地类型，预计在国家公园试点期满后3~5年完成。新增各类自然保护地需经过完整的资源评估、自然条件整治等过程，建设完成后也须长期持续监测评估。同时各省自然保护地管理局负责主导各个自然保护地规划工作，完善规划分区、制订保护管理规划。

（二）建立廊道缓冲区、植物物种保育区

作为未来将转变为自然保护地的区域，新增廊道缓冲区及植物物种保育区同样均由各省自然保护地管理局负责统筹。廊道缓冲区、植物物种保育区需经过资源评估、产业整治、用地整治等过程，在建设完成后需有长期监测评估环节，各省自然保护地管理局依据监测评估数据判定将廊道缓冲区、植物物种保育区升级

为自然保护地的针对性措施与具体时机。

（三）潜在自然保护地优化

潜在保护地是现有自然资源本底较为优秀的区域，在经过生态恢复与破碎化减弱之后具有成为未来保护地的潜力。由于所涉及面积较大，其工作主要由各省国有自然资源资产监督管理委员会管理，主要工作包括产业引导、生态资源质量提升等，并兼有长期的监测评估工作。各省国有自然资源资产监督管理委员会在监测评估后，资源质量、景观破碎化程度等符合标准的区域可交由各省自然保护地管理局提升保护等级成为缓冲区。

（四）明确河流管理专员职业化发展路径

在厘清现有河长制与自然保护地管理权限层级的基础上，明确自然风景河流管理主体机构，并增设进行河流具体管理措施落实与检测的河流管理专员职位。由各省水利厅组织编写河流管理专员行动指南并设置职业化培训课程，对河流管理专员进行选拔与任命，作为河长制进一步落实的具体举措，预计在规划有效期中期完成。针对不同的自然风景河流，在不同的自然保护地内，设立具有相关专业与管理背景的河流保护专员职位，完成河流廊道系统长期的监测—评估—管理工作，对河长进行定期工作汇报，并与自然保护地管理机构协调管理工作，实现河流廊道的整体性保护战略的实施与真正落地。

（五）建立自然风景河流试点

在秦巴山脉区域进行自然风景河流与自然保护地的空间分布叠加分析，并由各省国有自然资源资产监督管理委员会负责，预期在规划有效期后期完成自然风景河流管理体制试点，并编制完成自然风景河流管理条例。一方面，提升现有自然保护地体系内河流保护力度，进一步明确保护标准，限制沿河开发建设，保护河流廊道生境完整性；另一方面，结合生态廊道规划范围，明确廊道断点区域，在空缺处根据河源地分布设立自然风景河流试点，并作为中国河流保护地构建第一批试点，如陕西镇巴县的肖口河源地、陕西宁强县的玉带河源地及甘肃康县的燕子河源地等潜在自然风景河流资源，并由河流管理专员开展具体实施工作。设立自然风景河流试点的同时进一步探索在河流保护时可以开展的河流生态游憩活动类型，结合水利风景区，优化河流风景资源的保护与游憩方式，尝试建立河流类游憩公园，提升当地旅游经济收入。

（六）组建秦巴地区自然保护地专家委员会

由秦巴办事处统筹组建秦巴地区自然保护地专家委员会（简称秦巴专家委员会），使科学研究成为制订保护规划和管理计划的基础，强化风景园林学、生态学、环境学、动植物保护学与秦巴地区环境政策之间的衔接，将先进的生态保护理念与技术推广到基层保护地管理单位。秦巴专家委员会的组成应包括本地区高校和专业研究机构的科研人员、经验丰富的保护地管理人员（总工、科研岗）、杰出的非政府组织成员等，除自然科学领域的专家外，还应吸纳文化遗产保护领域的专家，以及环境法律法规方面的专业人士。

秦巴专家委员会应为自然保护地管理机构提供政策咨询和技术支撑，参与项目研究或评审；结合实际需要，还可以通过秦巴办事处邀请中央政府国家公园和自然保护地管理局的首席科学家团队参与战略协作和业务指导。对于秦巴地区的自然保护地管理机构，可以根据保护资源特征（如珍稀动植物、河流生态系统等），聘请秦巴专家委员会中相关专业背景的专家成员作为本单位的首席科学家，保障生态管护工作的科学性以及保护管理政策的持续性。

（七）旗舰物种栖息地恢复与野化训练

具有旗舰物种地位的大型肉食动物对于栖息地生境质量有着更高的要求。旗舰物种栖息地恢复工作与自然保护地网络优化工作应同步进行，由各省自然保护地管理局与野生动物专家团队负责为栖息地恢复提供技术建议。野化训练是提升野生动物适应性与放生成功率的重要步骤，各省国有自然资源资产监督管理委员会联合相关科研部门和非政府部门共同负责。野化训练分为异地野化训练和本地驯化基地训练两个步骤，异地野化训练可提前开始，本地驯化基地训练在专家确定适宜野化训练时进行。

（八）建立并推广秦巴文化品牌

建立以展示"华夏文明起源地""古代中国政治摇篮地""中华思想精神塑造地"三大核心价值为主的秦巴文化品牌，由五省一市联合成立秦巴文化品牌推广工作组，邀请社会各界参与到秦巴文化品牌建设工作中，确定 LOGO、吉祥物、宣传手册、宣传海报等品牌展示的物质载体，确定广告语、纪录片、宣传片、主题音乐等品牌展示的非物质载体，并统筹将品牌展示的载体在各自然保护地、文化遗产地等进行推广、使用；举办品牌展示载体征集设计大赛、发布会等各类竞赛活动，举办品牌文化节、品牌电影节、品牌艺术节、品牌旅游节等各类节庆活动，举办品牌音乐会、品牌跨年晚会等各类文艺会演，提高品牌知名度、提升品牌影响力。

（九）启动古道体系申遗准备工作

启动秦巴地区古道体系的申遗准备工作。由五省一市联合成立申遗领导小组，全权负责古道体系的申遗工作，明确申遗工作的意义、目标任务、工作原则、内容体系、进度安排、组织机构、保障措施等，开展对相关遗产的研究、保护、管理与展示工作，维护遗产的真实性和完整性，为申遗工作奠定基础；邀请国内外专家学者定期开展申遗工作研讨会,并组织专家学者或权威机构对古道体系进行评估,开展系列工程建设,如重点地段环境整治工程、重要节点修复工程等;充分挖掘秦巴地区古道体系的文化价值,争取使秦巴地区古道体系列入《中国世界文化遗产预备名单》。

（十）推动构建跨行政区域生态廊道

构建秦巴山脉区域跨行政区域生态廊道,是以大面积的森林生态系统为自然资源本底,以国家公园、现有和新增自然保护地为廊道主体,以外围具有保护功能的限制性开发区域为廊道缓冲区空间用途管控。通过生态廊道的建构,完善、补充现有自然保护地体系,在太白山片区、岷山片区、神农架片区、伏牛山片区等相同地理单元内形成自然保护地协作组团,并以大熊猫、金丝猴、林麝、黑熊、金钱豹等国家重点保护动物为指示物种,进一步强化秦巴野生动植物生境管护。

应充分发挥五省一市联动作用,由秦巴办事处牵头制订区域生态廊道建设计划,各省级自然保护地管理局划定辖区内的优先转化区域,在地方性生态保护政策引导下,通过国有林场转制、市县级保护地升级、退耕还林等方式,转化、建立一批国家级和省级自然保护地,进一步扩大五省一市主体功能区中的限制开发区和禁止开发区比例。

（十一）自然保护地管理机构改革建议

1. 太白山国家级自然保护区

大熊猫国家公园管理局成立后,原陕西太白山国家级自然保护区撤销并划入大熊猫国家公园陕西园区统一管理,应进一步强化太白山国家森林公园管理处的生态监测职能。陕西太白山国家森林公园和陕西红河谷国家森林公园的日常管理工作仍由眉县人民政府派出机构——陕西太白山旅游区管理委员会承担,陕西太白山旅游区管理委员会接受陕西省林业局的监督和指导,严格管控保护地外围的旅游服务设施建设规模。

2. 牛背梁国家级自然保护区

陕西牛背梁国家级自然保护区应由陕西省林业局垂直管理,保护区管理单位应严格限制生态旅游活动范围。陕西牛背梁国家森林公园和柞水乾佑河源水利风景区的日常管理工作仍由柞水县人民政府的派出机构——牛背梁国家森林公园管理委员会承担,两处保护地应依据资源特征重新划定空间范围,管委会接受陕西省林业局的监督和指导,严格管控旅游服务设施建设规模,积极解决自然保护区与森林公园的边界争议。

3. 十堰片区

由湖北省林业局的派出机构——丹江口大坝水利风景区管理处负责丹江口松

涛水利风景区和丹江口水库风景区的水生态系统和水资源保护工作，丹江口水利枢纽管理局负责坝体安全、库区防洪、发电、灌溉、航运和旅游经营管理。

4. 剑门蜀道国家级风景名胜区

建议由四川省林业和草原局设立剑门蜀道国家级风景名胜区管理委员会，并在广元、绵阳和德阳分设风景区管理局，三地住建系统的职能部门负责对风景区范围内的建设项目监督管理。

（十二）秦巴办公室建立"秦巴山脉"生态农林产品品牌

由秦巴办公室负责建立"秦巴山脉"联合品牌，形成生态有机农林产品体系，提高秦巴山脉生态农林产品的品牌价值和经济价值，带动地方经济发展。具体的工作内容包括四个方面：一是建设、运营和维护"秦巴山脉"生态农林产品品牌；二是设立"秦巴山脉"生态农林产品的准入标准，并且对生态农林产品质量进行把关和检验；三是构建"秦巴山脉"生态农林产品品牌的加盟方申请制度，以自然保护地管理单位、地方政府、地方社区为单位，申请成为"秦巴山脉"生态农林产品品牌加盟方；四是对接社会组织，建立社会组织与"秦巴山脉"生态农林产品品牌加盟方的联系，由社会组织为品牌加盟方提供生态农林产品的培训和技术支持。

（十三）梳理过境交通体系，维护生态廊道连续性

由各省市交通运输厅/交通局提供秦巴山脉区域过境交通体系方案，并进行多方专家协商讨论，首先对规划建设车行道进行选线优化，避免对生态廊道进行阻断；其次，如果必须切断廊道，则必须提供影响减缓措施，对于已有现状车行道路进行梳理与整合，将对廊道阻断的不必要道路进行废除或改建为风景道及步道；或对需要保留的现状道路进行廊道连接设计，可根据道路周边保护地主要物种迁徙路线及范围，明确现有道路的具体阻隔区段，进行道路埋地或者在道路上架设绿色动物通道的方式进行廊道连接。

（十四）整体保护和展示秦巴古道，绘制秦巴风景道及国家步道地图册

根据古道遗迹现状进行整体的调研与排查，识别遗存的重要段落和重要节点，并根据秦巴文化遗存的空间分布情况，识别出文化遗存的地理集聚中心，通过建设文化体验基地、文化博物馆、文化教育基地等，形成文化品牌的密集展示。

在秦巴古道的现状整合基础上编写秦巴风景道与国家步道建设技术导则，提供具体选线方案，串联周边自然与文化遗产，明确其与国家公园和保护地的联系。在此基础上，绘制秦巴风景道及国家步道地图册，将其作为秦巴生态体验手册的重要组成部分，为游客提供更为优质的自驾、徒步与骑行体验的路线选择。

（十五）自然保护地管理单位开展社区生态服务技能培训

自然保护地管理单位联系社会公益组织、研究机构和人员、服务技能输出型企业，在有生态旅游发展潜力的乡村社区，开展生态旅游服务相关的专业技能培训。村民自治委员会组织搜集村民的发展意愿、能力建设和技能培训需求，协助自然保护地管理机构组织相应的技能培训。自然保护地管理机构根据乡村社区具体的服务技能提升需求，制订相应的生态服务技能培训计划，包括餐饮经营、民宿经营、特许经营、解说教育、旅行社经营、农家乐经营、返乡创业等内容，由社会公益组织、研究机构和人员、服务技能输出型企业等相关机构负责具体的培训内容。

（十六）建设自然游憩与教育基地

根据自然资源本底建造相关自然游憩及教育基地，并在城市设置相关户外技能培训与青少年教育基地，推出创新的自然游憩与教育项目。由国家公园及相关自然保护地管理部门制定特许经营管理条例，并负责管理与监督经营商在程序及标准框架下从事相关经营活动。

（十七）建立城镇旅游服务基地与旅游层级系统

完善包括中央国家公园集群主题宣传、生态交通体系建立与风景廊道景观打造、旅游相关基础设施建设等服务内容。城市旅游服务基地将作为区域旅游客流量的疏散地，通过风景道串联沿途景观景点，进而建立旅游层级系统。

第三节　文化价值展示

秦巴山脉区域文化具有历史脉络完整、文化构成多元、山水文化浸润、影响范围广泛、天地人神一统的特征与气质，是中华民族文化脉络的重要承载区域，是华夏民族文明始源和精神高地。本书在对秦巴山脉区域的文化空间系统梳理的基础上，提出秦巴山脉区域文化传承的战略导向和传承展示路径。

一、文化空间彰显表达方法

本书采用历史地理学时空分析方法，从时间纵度和空间广度梳理分析秦巴山脉区域文化历史发展脉络与地域特征，凝练其文化价值及影响高度。在此基础上，构建文化传承战略导向和空间体系。本书认为文化保护是前提，展示是核心，发展是延伸，同时注意与生态保护的协同。依据文化价值的历史深度、地域广度、影响高度，深入探讨大尺度的区域设计理念和方法，通过宏观框架、中观单元、微观场所三个层次空间展示体系，搭建秦巴文化保护、展示和发展的总体格局，并通过具体路径予以落实。

宏观层面，建立文化标志区域与核心文化脉络体系。以区域设计方法为指导，确立文化标志核心，强化展示廊道，明确片区和景点，进而构建区域文化空间网络框架；对区域设计思维、设计尺度、设计要素、设计方法等进行了深度创新研究，提出了系统的区域设计内容框架。融合自然保护地、文化保护与展示、交通廊道、人居空间等多维空间系统，构建了以终南山、华山、武当山等标志性资源为统领，交通、古道、河流等廊道为纽带，自然保护区、风景名胜区、历史古城等多元景观区为板块的秦巴风貌特征感知体系。

中观层面，明确文化单元主题。针对文化核心与标志、文化廊道、文化片区等空间单元，突出其文化定位与主题方向，整合重要表征空间，策划文化项目设施，形成文化主题单元空间体系与表征场所。

微观层面，营造文化场所空间，展示文化风貌意境。开展文化旅游推广、影视传媒等活动，并注重文化景观、建筑风貌营造。

二、秦巴山脉区域文化传承空间体系

项目提出保护、展示、发展是文化建设工作的三个主要方面，保护是前提，展示是核心，发展是延伸。研究以秦巴文化价值彰显为目标，以空间展示为手段，促进文化的发展。依据历史深度、地域广度、影响高度三方面文化价值，通过宏观框架、中观单元、微观场所三层次的空间展示体系，搭建秦巴文化保护、展示和发展的总体格局，并通过具体空间展示路径予以落实。

（一）总体文化空间体系

项目提出秦巴山脉区域文化保护传承的总体空间战略如下。

（1）将汇聚中华远古文明、长安都城文化、价值思想源脉、宗教祖庭圣迹、山水与隐逸文化等为一体的终南山区域提升为终南山国家文化公园，通过资源+品牌的发展合力，形成具有统领性的秦巴山脉区域文化核心标志区。

（2）将子午道、褒斜道、汉江等串联文化景群与城市的历史古道、主要水系及其他重要线性空间与文化旅游线路相结合，形成秦巴文化展示廊道。

（3）将华胥陵、伏羲庙、历史古城与村镇等代表性文化区以及华山、武当山、太白山等名山系列作为秦巴文化重要主题板块。

（4）联动外围西安、洛阳、成都等重要历史文化名城，最终形成以终南山国家文化公园为统领、文化廊道为纽带、主题文化板块为支撑、众多文化节点为表征的秦巴山脉区域文化价值展示整体空间战略结构。包括建立终南山国家文化公园，形成秦巴文化核心标志区；依托汉江、子午道等河流与古道形成秦巴文化展示走廊；强化华山、武当山、太白山、麦积山等名山形成特色文化区域等具体路径。

形成"一核八区四廊多点"的秦巴山脉区域文化空间体系，其中："一核"为以秦岭山脉主脊为主体的核心文化承载区，区内有太白山、楼观台、终南山、骊山、华山等文化山水精髓。"八区"分别为河洛文化标志区、伏羲麦积文化标志区、北川羌族文化标志区、蜀道文化标志区、巫山古人类文化标志区、武当道文化标志区、两汉三国文化标志区、长安古都文化标志区，分别表征了秦巴山脉区域的特色地域文化。"四廊"分别为秦岭北麓文化展示带、丹江文化展示带、汉江文化展示带、嘉陵江文化展示带，其中秦岭北麓文化展示带联系天水—西安—洛阳三大文化节点城市，以道文化、山水文化、古都文化为主要文化表征；丹江文化展示带主要以武关道、商於古道为载体，是秦楚文化联系的表征；汉江文化展示带是秦岭腹地联系汉中—安康—十堰等腹地山地城市的文化表征带，是秦楚川渝文化交融的地方文化集中带；嘉陵江文化展示带是川渝文化、羌藏文化交融的主要表征带。"多点"分别为三门峡、南阳、丹江口、巴中、阆中、绵阳、宝鸡、渭南、安康、商洛等区域内的主要文化节点城市。

（二）文化空间展示路径

1. 建立终南山国家文化公园，形成秦巴文化核心标志区

以终南山文化概念为统领，整合提升区内五台山风景名胜区、翠华山山崩国家地质公园、牛背梁国家级自然保护区、太白山国家森林公园、中国楼观台道文化展示区、天台山炎帝陵、骊山风景名胜区等标志性文化资源区，建立终南山国家文化公园。以古长安子午轴线端点五台山地区为中心，在山下设立秦巴博物馆、秦巴文化论坛会址等，形成丝路文化对话平台[①]。同时，突出蓝田猿人遗址、华胥陵、楼观台、兵马俑-秦始皇陵、华清宫、辋川别业、子午道等标志性空间场所，整体展示史前文化遗址、先祖神话遗迹、历史都城演进、宗教祖庭圣迹、山水诗词意境等重要文化内容。在生态保护前提下，组织策划适宜的终南山旅游产品与旅游线路，完善相关旅游设施配套，建设秦巴文化产业输出与文化品牌推广平台[②]，打造中华文化圣山。

2. 依托汉江、子午道等河流与古道形成秦巴文化展示走廊

依托水系、历史古道、交通廊道等形成廊道型秦巴文化展示体系与精品旅游线路。一是以太白山、楼观台、五台山、翠华山等形成的秦岭北麓文化廊道，重点展示古都山水文脉、山水隐逸文化等；二是由以子午道、褒斜道、陈仓道、商於古道等构成的古道文化展示廊道，串联历史古城、古镇、古驿站、古战场等历史空间，重点展示古道历史与军事文化，同时推进古道联合申报世界文化遗产工

[①] 吴良镛，等. 秦巴山脉区域绿色循环发展战略研究.第一辑.城乡建设与文化旅游卷[M]. 北京：科学出版社，2019.

[②] 雷会霞，敬博. 秦巴山脉国家中央公园战略发展研究[J]. 中国工程科学，2016，18(5)：39-45.

作[①]；三是以汉江、丹江、嘉陵江等河流为主要文化走廊，串联主要城镇带和文化景区，突出水韵文化展示。

3. 强化华山、武当山、太白山、麦积山等名山形成特色文化区域

强化天水伏羲与麦积文化板块、汉中两汉三国文化板块、华山及武当道文化板块、北川羌文化板块等区域，形成秦巴文化特色区域，表征丰富多元的地域文化特征。同时，明确各文化板块核心空间构成，使每个主题文化板块包含一定数量的文化资源空间、文化展示平台以及相应配套设施，形成完善的主题文化旅游线路，并与秦巴山脉区域大旅游线路衔接。

例如，汉中两汉三国文化板块，包含古汉台、张良庙、武侯祠等文化遗存空间，天汉文化公园、诸葛古镇等历史文化展示空间以及汉中南湖、油菜花田、黎坪国家森林公园等山水文化空间，通过自然与人文景象的交织融合，彰显汉文化发源地的价值与地位。

4. 突出汉中、广元等秦巴腹地文化节点城市，加强文化展示与旅游服务功能

文化节点城市是集文化展示与文化旅游服务功能于一体的城市，根据文化资源富集度、人文资源影响力、文化名城等级、文化旅游规模指数、文化基础设施条件等多方面因素，确定汉中、广元、十堰等作为区域的重要文化节点城市。

优先保护好历史遗存及其周边自然与人文环境，强化文化展示项目的感知性与参与性，通过文化空间场所营造展示节点城市文化特色与价值。同时，强化文化旅游服务职能，完善相关旅游服务设施建设，形成秦巴山脉区域内部旅游服务中心城市。

5. 联动西安、洛阳等外围城市，强化文化旅游融合发展

秦巴山脉区域肇造了西安、洛阳、成都三大历史古都，同时也孕育了天水、襄阳、南阳、绵阳、宝鸡等周边文化名城。强化秦巴山脉腹地与外围城市的文化融合与旅游联动，通过交通网络的高效衔接、文化旅游服务产品的对接，将人引进去，将文化传播出来，进而实现秦巴文化价值的展示和文化影响力的提升[②]。以西安地区为例，应在保护国土空间生态资源的基础上，突出终南山文化空间的展示，将山水生态与文化旅游相结合。例如，通过秦巴博物馆展示与活动、山水诗意境空间营造、微隐逸空间与服务产品的打造等，将大西安都市旅游与山水体验相融合[③]。

6. 协同主题文化空间资源，展示主题文化空间脉络

以文化主题价值为引领，打破行政壁垒，协同主题文化空间资源，构建形成

---

① 高从宜，王建林，王肖苓，等. 道汇长安·秦岭古道文化地理之旅[M]. 西安：西北大学出版社，2010.

② 周庆华，牛俊蜻，申研. 秦巴山脉区域协同发展研究[J]. 中国工程科学，2020，22(1)：18-24.

③ 杭洁，王森. 论终南文化的会通精神[J]. 中华文化论坛，2017(2)：20-24.

六大核心文化展示脉络体系：以龙骨坡遗址、蓝田猿人遗址、西峡恐龙遗迹园等为依托的古人类及恐龙等古生物演化展示空间脉络；以华胥陵、伏羲庙、女娲山等文化空间为依托的中华先祖神话展示脉络；以终南山、华山、武当山、楼观台等为依托的东方宗教思想文化展示空间脉络；以蓝田辋川、商山四皓等为依托的山水隐逸文化空间展示脉络；以北川羌城、青木川等为依托的多民族文化空间展示脉络，以及以子午道、陈仓道、定军山等文化空间为依托的古道与军事文化空间展示脉络。通过主题文化空间脉络体系的整合与梳理，进一步促进秦巴文化内涵展示与文化价值传播。

7. 丰富秦巴文化活动，营造文化空间场所

文化空间场所是文化精神与价值的涵养空间，应通过秦巴文化空间载体的打造和富有吸引力的文化活动策划，以及秦巴文化博物馆、秦巴文化影视城、秦巴文化传媒中心等秦巴文化综合展示平台，展现秦巴文化内涵与精神意蕴。

山水意境是秦巴文化特色与价值的重要组成内容，应强化对秦巴文化依存的山水环境实施综合性保护，同时，强化具有秦巴文化意蕴的城乡文化景观风貌营建，强化文化空间风貌建设控制，强化对山水格局、肌理形态、风格色彩等传统与地域文化符号的提炼应用，并将有高度文化价值的环境要素、景观要素、非物质文化代表场所等一并纳入保护与展示范畴，统一构成秦巴文化遗产的实证展示空间[①]。

三、文化联合保护传承机制

（一）形成对区域文化的深度认知

秦巴山脉区域不仅从地质学角度、地理学角度和社会经济学角度具有统一完整性，其地域文化存在的关联性、统一性、多元性特征也十分突出，但受认知、研究和推广水平的限制，人们对区域文化的认识深度仍然有待提高。因此，要开展区域文化协同保护，首先要对区域文化价值有更加深度的认知，解析其多元文化的内在关联和完整统一，构筑区域文化保护传承的后续协同推进策略。因此，应积极借助区域相关研究院校、团体单位等，就秦巴山脉区域的文化价值和多方面特性等问题进行系统研究，借助秦巴论坛等平台，对区域文化进行推广，在社会各界形成秦巴山脉区域文化的广泛认知，形成相关保护传承的共识，并以此为基石，为秦巴山脉区域协同构建最稳定的文化联结基础，创造持久而旺盛的协同活力。

（二）构建文化遗产保护框架

首先，需要做好秦巴山脉区域的文化遗产摸底工作。目前国土空间资源、生

---

① 中华人民共和国住房和城乡建设部. 中国传统建筑解析与传承 陕西卷[M]. 北京：中国建筑工业出版社，2017.

态保护资源等通过国土空间规划和自然保护地体系优化整合等工作均已完成了摸底工作,但仍有大量地区,尤其是落后地区的区县级层面,对区域内的文化遗产摸底情况仍存在遗产坐标不明、遗产等级不清等问题。因此,需要对秦巴山脉区域尤其是秦巴山脉腹地的区县层级小城市的文化遗产进行摸底调查,从时间、空间、遗产本体、生态环境等方面挖掘区域文化遗产的整体价值。其次,搭建秦巴山脉区域统一的文化遗产信息平台,实现秦巴山脉区域文化遗产的信息整合和资源共享,为遗产保护管理提供依据。最后,开展秦巴山脉区域层面的跨行政区的文化保护合作,设立秦巴山脉区域文化联合保护机构,明确区域文化遗产统一保护规划,建立区域文化协同的工作机制,推进区域文化遗产连片、成线(廊道)保护利用,解决当前文化遗产保护碎片化、片段化的割裂问题。

(三)创新文化遗产保护模式

通过对秦巴山脉区域历史文化脉络、遗产分布特征的研究,在"一核八区四廊多点"的总体文化空间体系下,创新文化遗产的保护模式,形成点、线、面结合的合理保护模式。对于区域文化核心——秦岭山脉主体,通过构建国家文化公园的模式,进行保护、传承和彰显;对于八大文化承载区(河洛文化标志区、伏羲麦积文化标志区、北川羌族文化标志区、蜀道文化标志区、巫山古人类文化标志区、武当道文化标志区、两汉三国文化标志区、长安古都文化标志区),采用文化景区、文化展博等方式进行保护和展示;对于四大廊道(秦岭北麓文化展示带、丹江文化展示带、汉江文化展示带、嘉陵江文化展示带),采用绿廊串联、文化廊道申遗等方式,以廊道形、路线性资源为主进行保护和展示,其余重要节点根据文化价值分级开展保护。构建点线面多种模式结合的文化遗产保护模式。

(四)构建非遗协同保护机制

非物质文化遗产是秦巴山脉区域重要的文化遗产类型,是实现区域文化统一性和文化共识的重要基础。应积极构建区域非遗保护名录,积极构建跨行政区域,尤其是跨市县域的非遗协同共建。依托文化廊道、文化片区,结合旅游文化产业,跨区域构建非遗保护基地,跨区域构建非遗保护研究中心等。活化非遗价值传承,打造非遗文化旅游艺术品基地,开展区域非遗联合保护与区域旅游联合发展。同时,加大区域非遗宣传力度,结合论坛、洽谈会、博览会等活动、平台,开展秦巴山脉区域非遗的整体宣传,提高区域非遗保护力度。

(五)开展联保各项实践

五省一市各区域应在秦巴文化保护展示方面加强协作,积极争取联合申遗,积极开展联合保护,鼓励跨行政区开展文化廊道保护和跨区域文化协同展示。建议加强陕西、四川在子午道、褒斜道等秦巴古道保护展示方面的联合协同,形成秦巴特有的古道文化保护和展示廊道，加强二者在古道联合申遗上的协同力度。

第四节　绿色产业体系构建

以守山护水、保卫区域生态为第一要务，共抓大保护，不搞大开发，积极调整优化产业结构，大力发展绿色产业和循环经济，精心营造以产业生态化和生态产业化为主体的生态经济体系。在保护中发展，在发展中保护，实现传统产业由投资驱动转向创新驱动，由粗放发展转向集约发展，由资源高消耗转向资源节约，由低附加值转向高附加值，由污染环境转向环境友好，打造创新化、绿色化、集群化和服务化的崭新产业体系，为子孙后代留下蓝天常在、青山常在、绿水常在的生态环境。

一、发展绿色农业经济

依托秦巴山脉腹地生态资源和自身特色产业资源，以生态粮食"双"安全、绿色有机"双"供给、农民收入与农村经济"双"增长为基本任务，以制度创新、机制创新、政策创新、科技创新为基本动力，以"农民、农业、农村"为主体，转变传统农业发展方式，持续改善农业产地环境，把绿色发展的核心理念导向贯穿农业发展全过程，全力构建人与秦巴山脉自然和谐共生的农业发展新格局，实现环境友好、生态低碳的绿色农林经济转型，引领山区农业绿色发展新模式和建立试验示范区。

（一）秦巴山脉区域农业经济绿色发展战略目标

基于秦巴山脉区域农业产业、农村经济和乡村振兴绿色发展需求，全面树立绿色发展导向与理念，创新"三农"绿色发展制度，构建"三农"绿色发展机制，引领"三农"绿色发展新模式和建立试验示范区。推动区域生产力与生产关系的协调发展，加快土地流转，促进农业产业规模化经营与三产融合发展，提升产业链效益；推广农业面源污染控制与环境友好型农业技术，发展绿色农产品，创建一批具有秦巴地理标识的农产品商标，并形成几个具有显著竞争力的著名商标；推进秦巴山脉区域县（市）与乡镇的城市化建设进程，引导农村人口向城区流动，加快空心村、老人村综合整治，合理规划引导村村合并，建立中心村与新的人口聚居区，聚力振兴乡村和繁荣秦巴百姓特色文化；国家与地方政府加大资金与技术投资力度，加大政策优惠，鼓励企业主导与参与，促进传统经营模式转变与产业升级，打造现代科技为核心引擎的发展模式，提速秦巴"三农"绿色发展步伐，创建环境优美、生态安全、产业高效和乡村繁荣的新秦巴；开展秦巴山脉区域生态环境综合治理与保护工程，确保主要流域与支流达到国家饮用水质标准，实现区域农业绿色循环、提质增效与生态环境安全"双赢"的局面，建立生态高地与生态名山，确保南水北调工程的水体质量，凸显并持续发挥秦巴山脉区域对周边地区及全国的生态服务功能，为打造秦巴山脉国家主体生态功能区和世界名山提供坚实支撑。

（二）秦巴山脉区域农业经济绿色发展战略路径

制定有利于秦巴山脉区域农业经济绿色发展的政策，通过政策杠杆调动生产要素，刺激农村与农业产业发展。首先是土地，核心是调整土地经营模式，改变人多地少的现状，发展规模经营，提高生产者收入，促进农业经济绿色发展；其次是调整农村宅基地政策，盘活农村集体土地价值。

（三）建设秦巴山脉区域国家农业（产业）经济绿色发展特区

在秦巴山脉区域设立国家农业（产业）经济绿色发展特区，借鉴和继承我国已经建成的特区在发展方面的经验与做法，在特区建设的过程中少走弯路、少犯错误，极大地推动特区建设步伐；同时，作为绿色发展特区，不但要体现秦巴山脉区域生态环境保护的重要地位，还要突出经济发展的迫切性。秦巴山脉区域作为绿色发展特区是我国经济发展模式的又一次创新，是全面贯彻党中央倡导的绿色发展的一次重要实践，具有重要的引领作用。具体通过以下八大路径实现。

1. 加快制定秦巴山脉区域农业经济绿色发展政策

这具体包括贯彻和落实生态补偿政策、制定秦巴山脉"三农"引智政策、制定秦巴山脉"三农"资金政策。

2. 加速推动土地规模化经营

秦巴山脉区域的土地规模经营建议以家庭农场为主体，建立秦巴山脉区域土地规模化经营示范村，将有限的耕地资源集中流转到由企业或大户来管理，采用现代化农业企业经营理念，只有这样才能实现农业产业的规模效益。通过逐步探索以家庭农场为主体的土地规模经营模式，最终形成能够适应市场与符合社会发展需求的秦巴山脉区域土地规模化经营模式。

3. 加速引导人才向农业与农村流动

建议试行"乡贤制度"。新乡贤不仅具有传统乡贤的一般特征，还具有现代的知识、技能和新的文化视野，不仅可以协调和化解乡村邻里之间的矛盾，也可以引导舆论、明辨是非、凝聚人心、端正风气。

4. 加快引导资本流向农村与农业

长期以来，农村与农业的资本处于供给弱势状态，农村空心化趋势增强。首先，最有效的资本是私人资本，简单说就是"农村人进城，城里人下乡"；其次，建立秦巴山脉区域农村与农业发展平台，由国家投资，通过国企运作模式（类似农垦系统），也可采用股份合作制，全面整合山区农村与农业资源。

5. 推动农村与农业产业的技术升级

秦巴山脉区域是我国典型的山地农业区域，加上生态环境的差异性，决定了农业多样性特征明显。秦巴山脉区域农村与农业产业技术升级的主要方向是绿色化、有机化、生态化、特色化、多样化、精确化、机械化、智能化、优质化、功能化、品牌化、名牌化、高效化、产业化等。

6. 打造具有秦巴山脉（山区）地理标志的农产品商标

秦巴山脉区域拥有多样化的农林产品、道地药材、特色山珍、珍稀矿物等，打造秦巴山脉地理标志有利于提升秦巴山脉的整体影响力，对形成农业品牌，转变农业结构，具有重要战略意义。

7. 强化秦巴山脉区域农民专业合作社组织

强化秦巴山脉区域农民专业合作社组织，农民专业合作社提供农业生产资料的购买，农产品的销售、加工、运输、贮藏以及与农业生产经营有关的技术、信息等服务，最大限度地保护生产者的积极性与利益。

8. 构建秦巴山脉区域生态与经济"双"高地融合发展战略目标，树立世界名山品牌

不断深化对秦巴山脉在世界自然生态与文明演进中价值的认识，牢固树立打造世界名山的战略思想，最终形成生态立山、品牌名山与经济强山的"三山"发展战略，促进秦巴山脉生态、经济与社会的绿色可持续发展。

（四）秦巴山脉区域农业经济绿色发展战略保障措施

1. 继续大力倡导"秦巴宣言"

大力倡导"秦巴宣言"，进一步认识秦巴，加倍珍惜秦巴，文明健康发展秦巴，以创新、协调、绿色、开放、共享的新发展理念为指导，共同推进秦巴地区的绿色循环发展。

2. 继续打造"秦巴论坛"高端国际学术论坛

在"秦巴论坛"旗帜下，建议不定期增设小型论坛，可以是学术主题、产业主题、文化主题、经济主题或小区域综合主题，一方面，促进"秦巴论坛"的深入发展，发现和带动更多的新生增长点，惠及社会与民生；另一方面，基于小论坛进一步提升和推动"秦巴论坛"向高端发展，扩大影响力。

3. 建立秦巴山脉区域土地规模化经营示范村

通过土地规模化经营推动秦巴山脉区域农村与农业产业发展，进一步实现秦巴山脉区域农业经济绿色发展。建议在秦巴山脉区域选择一定数量的自然村，开展土地规模化经营示范，打造典型示范村，带动更多的村，最终打破自然村的行政界限，形成适宜区域农村与农业产业化发展的土地适度规模化经营模式。

4. 建立有利于秦巴山脉区域农村与农业发展的金融体系

不断优化营商环境，努力打造良好的金融生态，制订秦巴山脉区域"三农"普惠金融业务发展规划，加强财税、金融、投资政策的协调配合，建立健全政策体系，积极有序发展村镇银行、融资性担保机构、小额贷款公司等新型农村金融机构，引导民间资本有序参与秦巴山脉区域现代农村普惠金融体系。

5. 统筹城乡融合，为农村与农业产业发展创造更好的条件

秦巴山脉区域的农村与农业产业发展格局应着眼周边城镇与城市资源，善于统筹互补，创新并形成城乡融合发展模式。秦巴山脉区域的统筹城乡发展涉及五个方面：一是统筹城乡空间格局融合发展，将城镇和农村的发展紧密结合起来，统一协调，全面考虑，确立工农一体化的经济社会发展思路。二是优化乡村发展布局，坚持人口、资源、环境相均衡，经济、社会、生态效益相统一，人与自然有机融合的新农村。三是完善城乡融合发展政策体系，推动城乡要素自由流动、平等交换，资源互补，解决农村与农业产业发展中的教育、市场、金融、技术、人才、信息等资源需求。四是严格遵守生态红线、基本农田红线与保护区边界等，科学划定农业、城镇空间以及自然资源开发利用、保护与修复空间。五是实施城乡统一规划，在产业发展、基础设施、公共服务、资源能源、生态环境保护等方面主要布局，科学安排乡村布局、设施配置。

二、提振绿色林业经济

以提高林业对社会经济发展的贡献率，实现秦巴山脉区域生态环境保护与地区社会振兴双赢为发展目标，构建森林生态系统保护地体系和林业绿色循环产业体系两个体系。

建立一批特色明显、类型多样、竞争力强的特色林产品示范基地，以食用菌与药用菌、蔬菜、中药材、林果、桑蚕、畜牧、苎麻、茶叶八大骨干产业为重点，积极培育乡村休闲旅游等新兴产业。重点发展三大产业，即特色经济林果（核桃、板栗、漆树、油桐、花椒等）种植与加工业，林下经济与现代复合农林业（立体种植与养殖），以及生态旅游与休闲农林业。

（一）发展特色经济林果种植与加工业

秦巴山脉区域有丰富的农林畜牧及矿泉水资源，有机、富硒粮油，茶叶，板栗等干鲜果品，木耳、香菇等食用菌，核桃、油橄榄等木本油料，生猪、牛、羊家禽养殖以及水产业已形成一定规模。大力发展农林畜牧特产加工业，以有效替代传统重化工产业，逐步将农林畜牧业发展成为秦巴山脉区域经济发展的特色产业、优势产业和支柱产业。

1. 发展木本油料产业

选定适宜树种，建立良种选育、苗木生产基地。建议有关部门在秦巴山脉区域建设国家木本油料良种繁育园、科技展示园和油料精深加工工业园，建设国家木本油料工程技术研究中心、木本油料种质资源中心。

2. 发展现代中医药产业

组建秦巴现代中医药研究中心，将秦巴山脉区域逐步建成全国道地药材种植基地、中药材的集散地、中药饮片加工基地、仓储物流基地。扩大优质高效标准化中药材种植，建设生态药材生产基地。推进中医药产业与保健养老产业融合，建成休闲保健、养生养老的胜地。

3. 发展丝麻纺织和服装业

推进"东桑西移"，重点巩固提高现有蚕桑苎麻生产基地，培育秦巴特色品牌，走养殖、种植、原料处理、纺织、印染、加工成品一体化发展的路子，延伸域内缫丝、织绸苎麻产业链，提高企业加工水平。

4. 发展竹产业

秦巴山脉区域大部分区域都适宜竹类植物生长，汇集了一大批具有区域特色的竹种。竹产品涉及传统竹制品（建材、日用品、工艺品）、竹材人造板、竹浆造纸、竹纤维制品、竹炭和竹醋液、竹笋加工品、竹子提取物等十大类，包括几千个品种。可吸引安排当地农民直接从事竹林培育、竹制品加工的生产经营，能够创造上千亿元产值。从有效利用土地资源的战略高度出发，在秦巴山脉区域大力发展竹产业，是改变区域落后面貌的最好途径之一，对促进区域经济发展，推动生态文明建设具有重要意义。

此外，建设优质高效的生态茶叶、食用菌、干鲜果品、魔芋、畜牧渔等种植养殖基地，富硒产品、有机产品、无公害产品生产基地，打造秦巴绿色农林生态品牌。

（二）秦巴山脉区域林业产业绿色发展建议

1. 调整林业政策

加大公益林、生态林建设管护的补助，对立地条件差、生态区位重要的区域大幅度增加造林补贴支持力度；建立完善奖补资金绩效评价结果与资金分配挂钩的绩效管理机制；加强森林保险工作，扩大森林保险覆盖面，鼓励保险机构开展地方特色林木保险工作；加大生态补偿标准，进一步确定和调整森林生态补偿范围与标准，完善公益林管理补偿制度；建立上下游利益互补机制，下游向上游缴纳一定的资金用于上游公益林森林生态效益补偿。

2. 加强科技投入

建立县（市）与大专院校、科研院所和企业的产学研联盟，促进科技成果转化率的提高；林业主管部门定期选派林业科技专家深入县乡镇村组，现场指导传授林业科技知识，重点培训特色经济林栽培、病虫害防治、栽植管理技术等林业实用技术，助力产业发展；加大培训力度，培养建立林业科技推广体系人员。

3. 加强核心区林地管护，提高森林质量

以改善现有森林结构和提高森林质量为抓手，建立起严格的管理制度和保护方法，并且有效执行下去。加强栎属等区域发展潜力巨大的树种的优良品质选育和繁育。对立地条件较好的地段，应加强低效残次林的改造，以提高其经济和生态效益；对立地条件较差、坡度较陡地段的残次林应以封育保护为主，避免人为干扰。

4. 建立功能强大的森林生态体系与林业产业体系

以森林培育为手段，加强森林经营。对进入过熟阶段的防护林（近5%的面积和20%的蓄积），进行林龄结构的调整，以达到最大、最优防护功能状态。调整树种组成，形成以栎属为主的硬阔叶树和马尾松等针叶树的混交林，建立我国最大的栎属树种资源培育、加工林业产业发展和科技研发基地。重点发展核桃、板栗等优势经济林和山区特色经济林，在中低山和丘陵地区重点发展林下中药材、食用菌、珍禽养殖等，并建立漆树、杜仲等特色树种繁育基地。

5. 参与式的林业产业协同发展与产业结构优化

加强商品林基地、林产加工业和森林旅游业的建设。商品林基地以珍贵用材林基地、工业原料林基地、经济林基地、竹林基地、用材林中幼林抚育和花卉基地建设为主。林产加工业以木材加工业、林产化工业、竹类加工业、果品加工业、深加工业、木浆造纸业为主。注重森林旅游业和森林康养业的发展，加大森林景观资源和其他资源的开发力度，完善基础设施建设，将自然风光、森林景观、人文景观、民族风情等糅合起来，形成特色旅游网络，促进旅游与康养服务业的完善发展。

三、培育壮大天然水产业

发挥水资源优势，培育壮大天然水产业是推动秦巴山脉腹地水资源经济绿色循环发展的重要途径。随着消费者对品质和健康的关注，主打优质水源地的天然水、矿泉水销售势头正猛，水源地逐渐成为消费者对品牌的直观认识。建议打造统一的秦巴山脉腹地特色饮用水自主品牌，依托电商平台，加强宣传，发展线上商品水市场。

随着人们生活质量提高和消费观念转变，以及秦巴山脉区域旅游事业的蓬勃兴起，以纯天然、绿色、无污染的矿泉水为主的最佳健康饮用水，越来越被消费者青睐，市场发展潜力巨大。可考虑首先对秦巴山脉区域现有水资源进行勘查，查明资源分布规律、质量、类型以及储量。积极通过招商引资，引进国内外大型饮品生产企业和知名品牌，提高饮用水开发的产业化、系统化和规模化，促进产业快速崛起。建议对现有商品水企业进行规范整顿、优化重组，引导和鼓励区域内现有商品水小企业统一标准、统一品牌,形成市场优势。同时依托大公司带动小企业,促进天然水产业集群发展,积极开发功能性水系列饮品,延长产业链条,提高综合效益。

四、加快传统工业转型升级和集群发展

(一)减重降比大力压缩重化工产业

优化传统产业结构,提升产业层次和技术水平,大幅度减少重化工企业数量,降低"两高一资"产业(主要是高能耗、高排放和资源依赖型的矿产开发、能源、冶金、建材和化工产业)在传统产业中的比重。

1. 全域退出煤炭生产

针对秦巴山脉区域煤炭资源储量少、煤质差、煤炭产业集中度低、生产效率低等问题,研究建议5~10年,逐步清退秦巴山脉域内煤矿生产企业。

2. 慎重开发中小水电

考虑到水电开发对水环境和水生态两个方面的影响,要统筹区域内江河与水资源开发和保护工作,严格控制中小流域、中小水电开发,保护流域生态环境,维护流域生态健康,建议区域内原则上不再新建中小水电站。

3. 限制冶金行业发展

考虑到区域环境影响敏感和环境承载力薄弱的特殊性,本书建议秦巴山脉腹地不得再兴建新的金属冶炼企业,现有金属冶炼加工企业不得扩大生产规模,且能耗和排放应执行行业超低标准,不达标的企业应强制退出。

4. 选择性发展绿色建材产业

利用市场化手段推进水泥企业联合重组和技术改造,大幅度减少域内中小水泥企业和粉磨站数量。在资源优势区域选择性合理发展特色非金属矿采选和深加工业,如耐火材料、重晶石、碳化硅等。域内建材行业应实施行业清洁生产标准,利用适用技术实施节能减排技术改造。

5. 精细化延展化工产业

依托现有化工产业基础和大型企业,按照一体化、园区化、集约化模式,调整产品结构,拓展新型化工产业和精细化工,开发高附加值深加工产品,延伸产业链条。重点对已建化工装置进行节能减排技术改造,推行清洁生产,加大节能减排力度,推广新型、高效、低碳的节能节水工艺。

(二)提质增效发展壮大装备制造业

秦巴山脉区域装备制造业转型升级主要是提质增效,用数字化、智能化、绿色化等高新技术改造现有装置,促进产业向高端化发展,向集约型、科技型发展,

加强产品研发、设计、质量检测、知识产权保护、营销、售后服务、物流等生产性服务业，向服务化、品牌化发展。

1. 打造国家航空工业集聚地

建设国内领先、航空主题鲜明的集约程度高、创新能力强、技术水平高、产品质量优、规模效益好、公共服务体系完善的国家新型工业化产业示范基地。

2. 培育提升汽车制造业

以核心技术、关键技术研发为着力点，积极发展自主品牌的高端专用车、电动汽车和高端汽车零部件个性化定制，提高汽车零部件配套能力，做大做强核心企业。

3. 调整提升装备制造业

重点解决智能精密数控机床、数控机床功能部件和控制系统的生产，适应市场小批量、定制化、高性能的要求，向个性化定制、高端化制造、现代化制造服务发展。

（三）实现区内工矿业产业转移和园区化

针对秦巴山脉区域内与生态环境保护矛盾较大的工矿企业，在严格执行国家相关环保标准的前提下，引导山区腹地工矿企业向山区周边城镇迁移，引导既有工矿企业向园区集聚，引导既有工矿企业以产业集群方式搭载链条化集聚板块。

整理形成陇南农副产品加工板块、陇南有色金属加工板块、广元电子信息板块、川北油气化工集群、绵阳高新产业板块、渝北盐气化板块、渝东北轻纺制药板块、十堰汽车装备制造板块、襄西食品加工板块、伏牛山钼矿开采板块、汉中航空产业板块、安康生物医药板块、商洛新能源产业板块等多个工矿生产集聚区。

最终形成以围绕在秦巴山脉腹地周边呈环状布局的工矿生产板块集聚环为主，以十天高速沿线绿色新型工业生产板块集聚带为辅的"一环一带"的生产空间格局。

五、培育战略性新兴及高成长绿色产业体系

发展战略性新兴及高成长绿色产业是促进秦巴山脉区域生态保护和经济社会协调发展，打造区域特色绿色产业体系和生态支柱产业，实现秦巴生态、社会、经济三大综合效益有效发挥的必然要求和重要选择。需要从生态文明建设和绿色发展的高度，结合秦巴山脉区域实际，正确处理发展和保护的关系，统筹规划、协同推进。只有明确提出秦巴山脉区域战略性新兴及高成长绿色产业发展的基本原则、战略思路、定位和目标，才可能正确引领秦巴山脉区域的绿色健康发展。

（一）战略性新兴及高成长绿色产业培育路径

秦巴山脉区域战略性新兴及高成长绿色产业培育路径的选择，是突破资源瓶

颈制约，集中优势资源推动这一类型产业经济增长点的形成与发展，并带动相关产业要素的集聚和发展，最终形成强大的核心竞争能力的关键性一步。目前，可供选择的培育路径主要包括以下四个方面。

1. 市场主导下的内生路径

其实质是战略性新兴及高成长绿色产业在自然市场环境下依靠自身力量进行生存竞争，并获得市场拉动的成长过程。该路径长处有二：一是战略性新兴及高成长绿色产业在形成与发展的过程中经历了严酷市场的竞争，得到了锻炼，从而产业素质比较高；二是战略性新兴及高成长绿色产业在形成与发展的过程中经历了市场的严格选择，其固有优势得到了固化和加强，因而产业的抗外界干扰能力、应变能力和自发展、自创新能力比较强。

2. 政府作用下的外推路径

政府培育的战略性新兴及高成长绿色产业形成与发展方式的长处有三：一是战略性新兴及高成长绿色产业形成与发展的速度比较快，产业从萌芽到市场地位的确立所需时间比较短；二是政府培育战略性新兴及高成长绿色产业的目的性比较明确，前瞻性强，确定性程度比较高，政策不易波动，而且不易受经济系统本身不确定性的强烈影响；三是在形成与发展过程中，战略性新兴及高成长绿色产业的极化效应的时间跨度会比较短，其作用从极化转向扩散的时间缩短，因而社会所承担的产业成长的成本可能会比较低。

3. 市场选择与政府扶持共同作用的发展路径

就战略性新兴及高成长绿色产业的培育和发展而言，通常情形是战略性新兴及高成长绿色产业在市场与政府政策共同构筑的环境中形成与发展，因而在不同程度上受到市场与政府政策的共同作用和影响。一方面，战略性新兴及高成长绿色产业应遵循市场主导下的内生发展路径，充分发挥价格机制、竞争机制的激励功能，有效促进技术创新和资源要素优化配置；另一方面，政府应保有一定的控制权，发挥其举足轻重的引导和推动作用。市场的内生动力与政府政策的推动在产业培育和发展过程中发挥着不同的作用。市场的内生动力是战略性新兴及高成长绿色产业最根本的推动力量，处于决定性地位，而政府的推动则起着催化剂的作用，同样不可忽视。在战略性新兴及高成长绿色产业发展初期，技术亟待突破，市场竞争力不强，政府强有力的扶持尤显重要。

4. 内源式发展和外源式发展路径相结合

内源式发展路径是指通过自身的努力实现技术创新，达到技术进步的目的；外源式路径则指从外部引进技术。一般而言，发展中国家的技术进步有贸易、外商直接投资（foreign direct investment，FDI）与自主研发三个途径。贸易方式即购买国外先进技术和设备；FDI方式即引进技术较先进的外商进行直接投资；自主研发则由本国企业或研发机构进行自主创新。源于贸易和FDI的技术进步途径属于外源式路径，自主创新途径属内源式路径，两种路径各有优劣。

（二）战略性新兴及高成长绿色产业布局原则

1. 生态优先，绿色循环，整体布局

产业总体布局中，生态优先，产业特性应符合各区域生态敏感性要求，根据区域生态环境特点进行整体布局，实现绿色可持续的产业发展目标。

（1）生态保护区。其主要包括水源涵养地、湿地、森林等，以生态建设与环境保护为主。充分发挥自身资源禀赋优势，适当发展养老健康服务、生态农业服务、文化旅游服务等战略性新兴服务产业，限制其他生产建设活动，形成发展前景较好、具有高经济效益的产业体系。

（2）重点发展区。除生态保护区之外的其余区域作为重点发展区，集中发展战略性新兴产业。战略性新兴产业具有知识技术密集、物质资源消耗少、成长潜力大等特点，满足秦巴山脉腹地的生态敏感特性对发展产业的要求，带动区域的整体跨越式发展。以现代金融、健康养生服务、文化旅游服务等战略性服务产业为主，发挥资源禀赋优势，进一步提升区域的近期发展水平。

2. 产业升级，职教提升，乡村振兴

在发展相对滞后且生态敏感的地区，通过发展现代农业、文化旅游产业等，促进产业升级，提升产业价值；通过优化职业教育、基础教育体系，促使居民职业能力提升；最终达到乡村振兴、产业体系完善的目标。

（1）产业升级。提升现有产业价值，逐步延伸产业链。以绿色循环为原则，挖掘自身的优势资源，形成"产、销、研"一体化的产业项目。产，实现现有产业的标准化、规模化生产，以保障产品的品质，并提升市场话语权；销，与电商平台衔接，在传统销售渠道的基础上进行拓展，主动与市场对接，提升抗风险能力；研，与科研机构、高校等进行合作研究，实现产品的精品化提升，增强地方特色产品的时代感和竞争力。

（2）职教提升。进一步完善秦巴山脉区域的职业教育、基础教育体系，提升劳动者素质，提高职业能力，适应当代产业经济发展需求，拓展就业空间。强化乡村振兴的人才支撑，是实现秦巴山脉区域乡村振兴的重要途径。

（3）乡村振兴。通过产业价值提升、产业链完善，居民教育水平、职业能力的提升，支撑乡村振兴的发展目标。充分认识秦巴山脉区域乡村振兴任务的长期性、艰巨性，避免超越发展阶段，统筹谋划，有序推进。

3. 区域协同，集聚演化，逐步发展

秦巴山脉区域存在生态敏感、人才短缺、产业基础薄弱等发展制约因素，以区域协同、集聚发展的方式向战略性新兴及高成长绿色产业转型。

秦巴腹地具备生物资源、战略性新兴矿产资源丰富等资源要素优势，外围城市具备产业体系相对成熟、人才较多、交通方便等生产要素优势。秦巴腹地的生物资源和战略性新兴矿产资源等，对生物医药、高端装备制造等战略性新兴产业的发展有重要价值。通过区域内外产业分工协作，强化协同发展，优化产业分工、技术分工体系。

（1）区域协同。立足发挥各地区比较优势和缩小区域发展差距，将秦巴山脉区域作为周边城市群协同发展的重要纽带，推动国家重大区域战略融合发展。环秦巴城市群包括关中平原城市群、中原城市群、成渝城市群、长江中游城市群，分别以西安、郑州、成都、重庆、武汉为中心城市，形成以中心城市引领城市群发展，城市群融合发展带动秦巴山脉区域发展的模式。充分发挥中心城市的辐射带动作用，促进大区域产业结构优化升级、城市群间产业链的合理分工，弥补秦巴山脉区域在人才、产业发展水平等方面的不足。

（2）集聚演化。推动产业集聚、集约发展，形成区域集聚、资源集约的发展格局。通过构建快速通道、跨区域合作共建产业园区等模式，利用集聚发展的规模效应和知识溢出效应等优势，在提升产业竞争力、优化资源配置和激励企业技术创新等方面发挥积极作用。对秦巴山脉区域的飞地经济产业园区，提供一定的政策优惠，推动区域协同、集聚演化发展模式的快速落地。

（3）逐步发展。立足区域发展现状，充分认识发展差距，逐步实现区域的均衡化发展。周边城市群中的核心城市作为动力核，驱动秦巴腹地城市的产业发展。先期以各城市群内部协同发展为主，逐步转为大区域的整体协同。结合秦巴腹地各城市资源特点，先期引导外围城市战略性新兴及高成长绿色产业体系中的上游产业向秦巴腹地城市倾斜，逐步培育壮大新兴产业发展。形成四个城市群协同发展区，关中平原城市群协同发展区、中原城市群协同发展区、成渝城市群协同发展区、武汉都市圈协同发展区。

（三）战略性新兴及高成长绿色产业方向

根据秦巴山脉区域主体功能分区要求，结合环秦巴城市地区经济发展的特点，遵循国家和秦巴山脉区域相关省（直辖市）发展战略性新兴产业及高成长绿色产业的政策、思路、目标和措施，对《战略性新兴产业分类（2018）》目录中战略性新兴产业进行逐个产业评估分析，最终遴选出适宜环秦巴城市地区战略性新兴及高成长绿色产业，得到产业方向定位为：坚持"创新、协调、绿色、开放、共享"的新发展理念，以生态文明建设为根本，针对生态环境保护与社会经济发展问题，通过发展新材料、新能源、生物医药、信息技术、生态和文化旅游等绿色产业，构建具有秦巴山脉区域特色的战略性新兴及高成长绿色产业发展体系，创建秦巴山脉区域经济社会发展新格局。

（四）战略性新兴及高成长绿色产业布局

1. 战略性新兴及高成长绿色制造业布局

关中平原城市群协同发展区优势产业布局——以西安为协同发展核心城市，以兰州、宝鸡、天水为重心，重点发展新一代信息技术、高端装备制造、新材料、生物医药产业。

中原城市群协同发展区优势产业布局——以郑州为协同发展核心城市，以洛阳为重点，重点发展新一代信息技术、高端装备制造、新材料、生物医药、新能源汽车、数字创意产业。

成渝城市群协同发展区优势产业布局——以成都为协同发展核心城市，以重庆为重点，主要重点发展新一代信息技术、高端装备制造、新材料、生物医药、新能源、新能源汽车、节能环保产业、数字创意产业。

武汉都市圈协同发展区优势产业布局——以武汉为协同发展核心城市，以襄阳为重点，主要发展新一代信息技术、高端装备制造、生物医药、新能源汽车、节能环保、数字创意产业。

2. 战略性新兴服务业布局

全域布局战略性新兴服务业，立足充分发挥秦巴山脉区域资源禀赋优势，推动构建符合未来发展趋势的绿色产业体系，引领秦巴山脉区域的整体发展。加强公共服务平台和示范基地建设，提高创新能力，扩大产业规模，增强秦巴山脉区域服务业的发展水平，为产业转型升级提供有力的支撑条件。生产性服务业包括现代物流、现代金融、商务服务、专业生产服务、服务外包等；生活性服务业包括职业教育、商贸流通、健康服务、养老服务、家庭服务等。

在区域协同的基础上，形成"两主多极多节点"的层级结构，全域布局，主体引领。两主即以汉中、安康为主中心，作为核心发展城市；多极即南阳、绵阳、天水等位于边界区域发展条件较好的城市，重点支撑秦巴腹地现代服务业整体发展；多节点即陇南、广元、商洛等地级市及县级中心城市，支撑建立秦巴腹地现代服务业网络。

（1）电子商务。完善电子商务管理体制，加强信用服务、标准规范、在线支付等支撑体系建设，围绕优势产业打造交易和服务平台，积极发展农村电商，拓展区域资源流通渠道。

（2）现代物流。培育物流市场，降低物流成本，提升物流的专业化、信息化、标准化水平，为秦巴山脉区域与外界的物质交换提供有力的支撑条件。

（3）现代金融。发展新型金融业态和多层次资本市场，扩大融资规模，优化融资结构，为实现资源的最优配置提供决策。

（4）科技服务。以服务科技创新需求和提升产业创新能力为导向，重点发展研发设计、信息技术服务、创业孵化服务、科技中介服务、科技金融服务、科技文化融合、知识产权服务等服务业态。

（5）养老健康服务。大力发展居家养老和社区养老服务，推进医疗卫生与养老服务相结合，培育康复医疗、营养保健、健身休闲等新业态。

（6）文化旅游服务。秦巴山脉区域是中原文化、巴蜀文化、荆楚文化、伏羲文化等多元地域文化交汇地，以文化提升旅游内涵质量，以旅游扩大文化传播消费，推动文旅商贸融合发展。加强旅游公共服务体系建设，加快智慧旅游发展和标准化体系建设，进一步优化旅游发展环境。

六、强化文化旅游产业发展

根据秦巴山脉区域文化生态特质，结合未来产业发展走势，以旅游业为突破口，实现绿色产业的全面升级。

（一）秉持"一个核心理念，五大发展支撑"的战略理念指导秦巴文化旅游发展

"一个核心理念"即以围绕国家中央公园群，将秦巴山脉区域整体塑造为中国生态之源与休闲游憩目的地；"五大发展支撑"即通过文化产业支撑、生态保护支撑、空间结构支撑、名牌产品支撑、协调机制支撑五大体系支撑秦巴文化旅游的可持续发展。

（二）建设面向不同群体与需求，发展多种业态、功能与模式的文化旅游

在汽车自驾游加快发展、传统旅游业逐步解构的背景下，区域文化旅游应侧重以消费者的需求和行为选择为原则，建立以交通为轴，以跨界、跨地区为特点，以自驾为主要形式，从交通走廊、经济走廊、文化走廊结合的角度，重构旅游产业，设计旅游走廊，形成大环线串联、节点城市聚集、乡村旅游驿站支撑的多中心聚合结构。

（三）在旅游产品上，开发多元旅游产品

例如，摄影旅游、美食旅游、乡村生活旅游、养生保健旅游等。关注开发民族、民俗、民间文化以及非物质文化遗产，创意创新旅游产品，结合乡村特产，发展旅游产品和特色产品。

（四）构建秦巴山脉文化旅游振兴体系

创建典型和具有普遍推广意义的经验模式，把文化旅游作为环秦巴山脉区域文化走廊和文化保护工程的主要内容。融合现代农业、美丽乡村、休闲养生养老、非遗开发和工艺美术与乡民合作社，多项结合营造乡村生活。建设外来人与原住

民共建的新农村，开发传统生产生活技艺，发展乡村作坊产业，如油坊、米坊、醋坊、酒坊、布坊等，以此为文化元素发展旅游产品，丰富旅游体验，组织生产合作社，致富乡民。

第五节　绿色国土空间营建

一、构建秦巴减量化规划方案

在国土空间规划体制尚未整体形成的背景下，本节提出山脉腹地生态优先和城乡减量化国土空间规划策略，并通过以下路径实现。

（一）人口疏解

在保障山区合理的人口密度的前提下进行人口疏解，逐步缓解当前突出的人地矛盾。结合秦巴山脉区域内汉江河谷、丹江河谷、徽成盆地、巴山南麓等人口稳定区和人口集聚区的城镇承载力，积极开展秦巴山脉区域的城乡居民点体系重构整理。建议用5~10年时间，通过户籍制度改革在外围周边大中城市落户非常住的2143万人口，通过搬迁等策略引导常住人口外迁300万~500万人，有效减少邻近生态保护区的人口密度，力争人口规模控制在平均90人/千米^{2}的合理生态承载范围之内，形成基于生态承载力的城乡布局体系。同时划定人口疏散区和人口限制区，采取生态补偿、移民搬迁等方式调控人口，开展合理的空间转移和区外迁出。

按照资源环境状况，将秦巴山脉区域划分为三大区域：人口疏解区、人口限制区和人口集聚区。采取生态补偿、移民搬迁、异地城镇化等方式调控人口，开展合理的空间转移和区外迁出。

1. 人口疏解区

人口疏解区为秦巴山脉区域内资源环境承载力超载、生态脆弱、城市化水平不高且人口密度相对较大、人口与资源环境相对失衡的地区；同时也包括自然环境不适宜人类常年生活和居住的生态敏感区（自然保护区、国家森林公园、国家地质公园、风景名胜区，以及海拔在1500米以上的高海拔区域），主要包括秦岭南麓、陇南山区、巴山北麓以及丹江口水库和神农架林区周边县市。该区域内应降低人口密度，引导山区人口逐渐迁出，鼓励人口在区外或发展条件较好的平原区域集聚。最终保证生态敏感区内人口总量大幅度降低。

2. 人口限制区

人口限制区为秦巴山脉腹地内资源环境承载力临界超载，特别是土地资源和水资源临界超载，且继续增加人口将对生态环境造成持续影响的地区，主要包括秦岭西部的徽成盆地、汉江河谷的汉中盆地、安康-月河盆地以及丹江河谷地区的县市。该区域内以保持人口基本稳定、限制人口规模扩大为发展导向，通过强化生态保护、限制区域产业用地的扩张、优化产业结构、完善公共服务设施等措施，保持区内持续发展。

3. 人口集聚区

人口集聚区为秦巴山脉区域内人居环境相对较为适宜、资源环境承载力平衡有余的地区，主要为区内平原区、缓坡丘陵地区或建设用地条件较好的大中城市周边，主要包括巴山南麓的广元、达州、巴中以及秦岭北麓、小秦岭区域的县市。该区域内应该积极推进产业集聚，增强人口承载能力，积极吸纳秦巴山脉腹地生态敏感区域内人口集聚。该区域也是秦巴山脉区域内人口城镇化的主要承载区，应通过政策制度改革加快非本地居民的市民化进程。

（二）工业疏解

工业疏解重点是对与生态环境保护矛盾较大的工业生产空间进行整理。重点引导山区腹地工矿企业向腹地边缘迁移、向腹地城镇集中建设的川道迁移，引导既有工矿企业向园区集聚，引导既有工矿以产业集群方式搭载链条化集聚板块，同时有效加强企业环保治理。最终形成围绕在秦巴山脉腹地周边呈环状布局的工矿生产板块集聚环。同时，对山区核心腹地的产业进行转型升级，制定秦巴山脉腹地产业发展的黑名单和白名单，双向管制山区产业类型，确保工业生产的规模。

（三）矿区管制

矿产生产是山区现状资源高消耗的主要来源，项目认为山区的国土空间开发减量化需要对资源高消耗类活动进行资源管制。项目制定了污染类工业淘汰机制和生态敏感区域的矿山关停方案和转移方案，形成分片区、分强度的合理矿产开采方案；划定矿产资源的战略储备区、限制开采区、适宜开采区，整合工矿产业空间布局，强化园区发展，减少小规模生产下的散点污染。

（四）农田减退

根据实际调研，秦巴山脉腹地内分布有大量的永久性基本农田，且多数在15°以上的缓坡地、陡坡地甚至中高山区，其本身不符合基本农田划定中的高等级、高质量要求，因此建议在秦巴山脉腹地对既有耕地农田尤其是永久基本农田进行减退，逐步推进退耕还林、退耕还草，保障合理的稳定耕地的同时，核减不合理划定的稳定耕地。

二、构建供需匹配的分区单元管控模式

本书认为秦巴山脉核心腹地的国土空间的分区管控应秉承主体功能的基本路

线开展，其主体功能的确定应摒弃传统定性的方法，转而着眼于山区整体的空间供给能力和需求强度的综合作用视角，进而形成相对科学的具有整体利益考量的国土空间分区管控方法。

本书通过构建供需匹配模型对秦巴山脉区域人地关系均衡状态进行定量研究，采用OLS（ordinary least squares，普通最小二乘法）和GWR（geographic weighted regression，地理加权回归）法对空间供给能力和空间需求强度间的作用关系和影响机制进行分析，在此基础上提出针对性、差异化的空间管理模式。

具体应用于秦巴山脉腹地，本书认为应遵循长时间序列自然适宜性发展规律，以优化人地系统空间结构为愿景，瞄准区域内空间供需匹配和区际间综合效益均衡两大核心目标，根据秦巴山脉区域各区域地形地貌特征、资源环境承载能力、人口经济分布及强度特征，在人口、经济及生态价值指标平衡测算和空间均衡综合评价基础上划定类型多样的管控单元，最终确定出生态保障（全绿）、效益双增（深绿）、经济保障（中绿）、效益转移（浅绿）共四种差异化的国土空间区划和单元管控方法。

（一）生态保障单元

生态保障单元为地形复杂、生态价值大、生态敏感性高，人口稀少且分散，建设强度很难大规模提升，且高强度的开发建设对生态环境破坏较大的地区。管控导向以提供生态产品为核心功能，重在保护生态环境，增强生态产品生产能力，降低人类活动强度，鼓励单元内地市、区县开展水土保持、多样性维护、水源涵养、退耕还林等。

（二）效益双增单元

效益双增单元多位于开发不足及部分均衡开发地区，经济发展水平和生态价值不高但人口总量较大，致使人均综合效益水平较低，资源环境与经济强度低水平供需平衡。管控导向以强化高附加值、高质量的绿色产业快速提升区域的社会经济效益为主，加大生态保护和生态修复措施，全面提升地区山、水、林、田、湖的生态价值和地区生态效益。同时需要通过加强与西安、成都、重庆、郑州等中心城市的空间联系，对人口进行一定程度的疏解。

（三）经济保障单元

经济保障单元多位于均衡开发和轻微开发过度的地区，经济发展水平较高、人类活动强度也较高，人地系统空间协调程度较高，承载力相对较高。管控导向以提升发展质量、优化空间效益为主，可以通过适度强化经济发展、工业城镇化以全面提升片区的综合竞争力，在保护环境的基础上全力推动经济可持续发展。

经济保障单元是生态保护区疏解人口的部分承接地,因此应提高集聚人口的能力,加快骨干交通建设,培育为区域经济发展的核心增长极。

(四)效益转移单元

效益转移单元为地形平坦开阔、经济发展和城镇化水平最高的地区。人口密度和建设强度过大,致使生态和环境承载压力较大,部分区县生态环境破坏严重,经济效益明显大于生态效益,持续的高强度开发将严重影响地区综合效益。管控导向以优化产业结构和人地资源配置为主,采取疏解地区人口规模、控制建设开发强度、整理复垦/复绿低效建设用地、治理河湖水系、修复山水林田湖草生态系统等措施实现生态价值和综合承载力的提升以及发展环境的综合好转,引领并带动整个秦巴山脉区域实现综合效益的全面提升。

项目研究中经过分析评价和调整,最终将秦巴山脉区域119个区县划定为23个管控单元,从划分结果来看,人口较少、经济强度较低、地形较为复杂的生态价值较高地区一般归为生态保障单元;经济发展水平较高、生态约束较少的高承载地区一般划入经济保障单元;生态条件和经济发展相对均衡的地区大多为效益双增单元,经济发展最优、生态条件一般的供需超载地区大多为效益转移单元。

三、构建基于流域体系的聚落空间构型模式

(一)流域等级体系框架构建

流域作为具备生态系统完整性的自然地理单元,是开展生态规划更适宜的研究单元,当前不同学科在不同尺度层级对于流域单元的划分和与生态规划结合的研究探讨,在系统衔接与管控落地方面较为薄弱,亟待整合。当前对于流域尺度的划分,并没有明确的标准。美国目前开展流域规划主要从流域(basin)、次流域(sub basin)、小流域(watershed)、次小流域(sub watershed)和集水区(catchment)五个尺度层级展开。我国流域相关规划主要在宏观尺度的流域战略规划,以及小尺度水土保持与小流域治理工作中展开。宏观层面的流域规划更注重水资源、基础设施、经济发展等方面的流域整合,以流域为基础编制了长江、珠江等多个大尺度的流域规划,但其侧重于水利工程建设与流域水文治理,多年来与城市规划、土地利用规划等国土空间规划未能有效衔接,导致流域规划的空间指导性不足。而小尺度层面水土保持与小流域治理往往注重小流域(300平方公里)及其以下层级的划分,与大尺度流域规划在体系、内容、尺度衔接等方面都缺少联系。

本次秦巴山脉区域多尺度流域体系框架的建立,旨在通过多尺度流域的嵌套关系,建立从宏观规划到微观落地逐级管控引导的体系。基于多尺度流域嵌套体系的构建,一方面注重协同性,即要加强下级流域在上级流域范围内的统筹,另

一方面强调逐级管控与引导。流域单元的划分,一方面参考美国多尺度流域规划的相关划定依据,另一方面,结合地域特点,综合考虑流域间与流域内部的协同目的,以及流域单元与行政管控单元的联系,最终构建出三级流域嵌套体系,分别与省市、区县、镇村三个层级对应(表6-6)。

表6-6 秦巴山脉腹地多尺度流域嵌套体系构建

级别	研究尺度与功能	划分依据	对应河流	对应等级
一级	宏观尺度流域统筹	全国一级至五级河流及流域数据集	汉江、嘉陵江及其二级支流,如丹江、白龙江、涪江、唐白河等	省市
二级	中观尺度流域管控	基于ArcGIS的水文模块,在一级流域基础上进行细分、编码	上级河流的支流,如丹江支流老鹳河、银花河等	区县
三级	微观尺度流域导控	基于ArcGIS的水文模块,在中观尺度流域基础上,进一步细分、编码	上级河流的支流及其毛细支流	镇村

(二)基于流域等级体系划分的城乡空间发展策略

1. 宏观层面基于流域协同的城乡结构优化

以生态安全格局保护为基础,强化流域地貌水文特征与城乡空间发展的耦合关系,合理引导人口流动和产业集聚,积极促进环秦巴山脉区域协同发展,构建"一芯四核、一环两脉多点"的城乡一体空间结构。

"一芯"是指秦巴生态核心,以秦岭、大巴山主要山脉及生物资源连绵分布区为主的生态核心区。

"四核"是指秦巴山脉区域主要的四个国家公园,包括大熊猫国家公园、秦岭国家公园、伏牛山国家公园和神农架国家公园。

"一环"是指秦巴山脉外围环状布局的城市群,是承接秦巴山脉核心区城乡与人口疏解的区域,包括宝鸡、渭南、三门峡、洛阳、平顶山、南阳、老河口、襄阳、南充、绵阳、合作、定西、天水等城市。

"两脉"是指以生态保护为前提,顺应地貌水文特征,以秦巴山脉区域两大核心流域(嘉陵江流域、汉江流域)为对象,以嘉陵江、汉江为主脉,加强流域协同与互动,促进流域绿色城镇化健康发展。引导秦巴山脉核心区内部城乡人口和绿色循环产业向巴山南麓、秦岭东部区域聚集。依托军工科技、矿产资源、土地资源优势,重点发展新能源、矿产品精深加工、新材料、电子信息、轻纺、食品加工,建成巴山南麓与小秦岭区域的城镇重点发展区。

"多点"是指沿两大河流沿线的主要节点型城市,如陇南、广元、巴中、达州、汉中、安康、商洛、十堰、丹江口等节点城市。

2. 微观层面绿色发展导向下的乡村聚落流域化集聚优化策略

秦巴山脉腹地城乡人居环境与山地流域特征高度耦合，呈现出典型的流域人居态势。以小流域乡村聚落为主，提出了适应绿芯模式和减量化整理的山脉腹地乡村聚落收缩重构路径。在多年流域人居研究基础上，针对秦巴山脉腹地特征进行深入实地调研，在 ArcGIS 中对小流域与乡村聚落叠加分析，并通过与陕北流域分形研究成果的比较，对秦岭小流域聚落规模与形态进行分析。

运用复杂性科学相关理论，对小流域分布呈现的位置、级别、形态差异的随机涌现性等进行识别关注。在相关规律特征基础上，本书认为强干弱枝点状发展是未来聚落整合布局的总体导向，据此提出了小流域乡村聚落减量、重构、公共服务配置的多种可能路径与模式，为当前日趋显著的乡村收缩现象提供科学的引导依据。

本书认为山区内小流域一般由支毛沟和主沟衔接而成，其分为两种情况：一种是各种支毛沟由于衔接坡度、腹地纵深、所提供的可建设用地有限等情况，聚落基本呈现出沿主沟"一"字形发展的构型；另一种是具有一定规模及纵深的支沟，但是由于地形坡度或者两侧可提供建设用地局促、交通不便等原因，依然不适宜聚居，聚落仍沿主沟展开。本书认为强干弱梢状、强干弱枝状是山区小流域人居聚落整理的空间构型导向，最终形成主沟人居密度逐渐增加，次沟、支毛沟聚落建设参与度逐步减小、人居空间整理消减的趋势。

四、智慧城乡建设工程引导战略

秦巴山脉区域智慧城市体系建设以物联网、大数据、云计算、边缘计算、移动互联网、智能控制技术等新一代信息技术为支撑，按照秦巴山脉区域绿色智慧城乡体系发展的定位，在实现秦巴信息互联互通的基础上，完成包括网络基础设施、传感基础设施、计算基础设施在内的信息化发展基础——智能基础设施的布局和建设，构建低成本、分布式、高可靠、复合型信息互联互通网络体系，形成秦巴山脉区域绿色智慧城乡体系发展的基础保障。

智慧城市建设包括基础设施体系的建设、智慧城市数据管理平台的建设、智慧政府体系的建设，以及智慧城市服务体系的建设等，通过一系列的建设来提升管理服务效率，增加城市吸引力，推进城市朝着更健康、更智慧、更便捷高效的格局不断发展。打造普惠化、高效化、智能化的智慧城市惠民格局，首要应实现智慧城市体系建设，其顶层设计应当引导社会力量开展针对公共安全、食品安全、交通、医疗、教育、就业、社区服务等多个领域开展专业化、多元化、个性化的惠民服务，鼓励和支持各类市场主体共同培育信息惠民可持续发展模式，形成优势互补、多元参与、开放竞争的发展格局。在技术上，要实现民生相关信息的海量集中与实时共享、快速处理和高效协同，以及城市居民对信息化服务的随时随地获取；在服务上，通过智慧城市建设，使居民体验到城市更加安全、环境更加健康、生活更加方便、社会更加文明。

在城市基础设施方面，着力推进秦巴山脉区域宽带网络优化升级，加快推进第四代和第五代移动通信网络的部署和建设，大力推进秦巴山脉区域核心城市互联网骨干和城域网的建设，优化互联网骨干网之间的互联构架，提高秦巴不同区域网间互联带宽和互联质量。强化普遍服务，大力推动广大农村和欠发达地区的信息网络建设，逐步降低宽带资费水平，解决符合秦巴山脉区域地理位置与城乡居住特征的信息化基础。

在城市智慧管理方面，推进物联网技术在秦巴山脉区域环境保护、灾害预防、工业、农业、旅游、物流、交通、基础设施管理、水资源管理等领域的应用。发挥政府引导作用，在公共财政支持下，建设一批物联网应用试点示范项目，增强秦巴山脉区域精细化、智能化管理能力。鼓励企事业单位采用物联网技术，创新信息化应用。

五、构建快速交通网与旅游交通体系

（一）重构区域一体的旅游道路体系

1. 提升区外快进交通网络

轨道方面，一是继续推进郑万高速铁路、汉石高速铁路、武西高速铁路等项目建设，进一步拉通秦巴山南北通道。二是规划建设西安至十堰高速铁路，拉通东西向高速铁路通道。

公路方面，重点为盘活存量，打通重要通道的瓶颈路段，加快提升G5广元—川陕、G85巴州—重庆、G70福银高速、G108国道等路段的通行能力。

机场方面，形成以省会枢纽中转为支撑，连接区内的对外交通空中通道，打造周边省会枢纽机场到区内支线机场一小时航空圈，形成秦巴山脉区域通达全国三小时航空服务圈。

枢纽方面，提升十堰、汉中、广元、巴中、陇南、安康、商洛等区域性综合交通枢纽衔接能力，汇集多种交通方式，实现"零换乘"和"一体化"。

2. 加密改善区内交通微循环

普通国省道方面，基本消灭国省道网中的"断头路"，国道基本达到二级公路标准、省道基本达到三级公路标准；加强与国家高速公路、铁路网规划的衔接，加快省道、专支线铁路及主通道联络线规划建设。

以普通国省道为主，打通省际、县际"断头路"，有重点地建设一批连接重要资源开发地与旅游景区、对经济发展有突出作用的公路，增强区域自我发展能力。着力提高普通国省干线中二级及以上公路比例，加强通县二级公路建设，强化制约地区经济发展的瓶颈路段建设。

区内机场方面，依托周边地区枢纽机场，加快完善有效连接核心区的机场的支线网络，构建"干支衔接、协调发展"的航线网络结构，形成以大带小、良性互动的局面。将航空服务与秦巴山脉区域旅游资源相结合，以秦巴山脉腹地内自然人文旅游景区的开发和旅游线路设计指引，依托广元、汉中、安康、十堰等核心区内的枢纽节点城市，建设"秦巴旅游航空服务体系"，引导航空公司选择合适的小型支线客机，构筑区内旅游环飞航线，打造核心区支线机场间一小时航空圈旅游航线，促进区域内旅游资源一体化协同发展。

农村公路方面，基本实现所有具备条件的乡镇通水泥（沥青）路、建制村通公路，所有具备条件的建制村通水泥（沥青）路。加快改善农村交通条件，缩小城乡交通基本公共服务差距，促进城乡交通协调发展。继续以通乡油路和通村公路建设为重点，加快农村公路建设，适时启动建制村的"通畅"工程，积极引导农村客运站点建设，大力推动农村客运发展，加快提升农村地区交通条件。

以加强县乡联通、促进资源和旅游开发为重点，加快推进一批对地区经济社会发展有重要作用的县乡公路改造工程，为提高片区自我发展能力提供交通保障。重点建设一批具有县际间出口通道功能，连接重要产业园区、旅游景区、矿产资源开发基地等主要节点的县乡公路，逐步消除"断头路"。

加快县城老旧客运站改造，依托农村公路建设同步推进乡镇、建制村客运站（点）建设，尽快形成以县级客运站为龙头，以乡镇客运站为重点，以建制村汽车停靠点（招呼站或候车亭牌）为辅助，多层次、高效率的农村客运站场体系。

3. 打造区内慢游交通线路

根据秦岭、大巴山、嘉陵江、长江三峡等秦巴山脉核心景区的特色，打造相应的主题驾车游览线路。打造八条精品慢游线路：大秦岭国际精品游线、红色旅游国际精品游线、大巴山国际精品环线、三国旅游国际精品游线、嘉陵江国际精品游线、长江（上游）国际黄金游线、汉江国际精品游线和南水北调工程精品游线。

（二）提高交通运输服务质量

1. 服务区建设

服务区品质提升工程以"科学定位、保障功能、规模适宜、经济实用、生态环保、安全卫生"为原则，充分利用现有普通国省干线公路养护工区、公路收费站、超限检测站、公路两侧加油站、废弃和闲置场地等场所或设施，完善服务区旅游信息功能、旅游交通引导功能，为公众提供停车休息、如厕、加油等基本公共服务，使在途游客出行便捷、舒适，推动公路服务区向交通、旅游、消费转型升级，建成一批特色主题服务区。同时结合地域资源特色，依托公路服务区建设自驾游营地、房车基地等，拓展公路服务领域，由具有旅游功能的公路向公路旅游转变。

2. 停车区及景区停车场建设

统筹考虑旅游干线公路配套停车区以及景区停车场，建设规模要充分考虑景区的可能接待规模以及景区客流潮汐流情况，选址原则要兼顾便捷和环境保护，在区域内生态旅游区布置停车场时，要特别注意减少对环境的污染，在可能的情况下，将停车场建设在与景区有一定距离的地方，再通过其他环保型交通方式如景区电动车、步行景区道路将游客引入景区。同时建设停车诱导系统，有序引导车辆停泊，尽可能避免车流在景区外滞留，实现客流的快速集散。停车设施的建筑设计要注意就地取材，在建筑风格上突出地方性，构造丰富的建筑空间。

3. 旅游公路景观设计

根据秦巴山脉区域各片区旅游资源的地域特性，针对秦岭生态圈、大巴山文化圈、长江上游旅游圈等不同的旅游资源特色，打造具有针对性的山区型、民族风情主题型、临水型公路沿线景观工程，将公路、公路景观、景区风光有机结合，建设符合安全性、生态环保、地域特色、综合经济要求的充满娱乐性、趣味性和话题性的公路景观廊道，从而提升旅游公路价值。

第六节　区域协同机制搭建

本书认为应将秦巴山脉的绿色循环发展以及由此衍生的环秦巴城市地区协同发展上升为国家层面战略，由于涉及行政管辖分割壁垒，需要从中央层面对五省一市进行统筹协调，推动建设"秦巴生态保护与特色创新绿色发展示范区"。在《中共中央　国务院关于新时代推进西部大开发形成新格局的指导意见》提出的"支持重庆、四川、陕西发挥综合优势，打造内陆开放高地和开发开放枢纽""加强西北地区与西南地区合作互动，促进成渝、关中平原城市群协同发展，打造引领西部地区开放开发的核心引擎"的指导下，积极推进环秦巴城市地区的区域协作，依托成都、重庆、西安、武汉、郑州等核心城市，形成我国未来国土空间双向开放的中央支点和中部枢纽。同时，本书就国家公园划定、生态产品机制实现等问题提出具体应对方案，为区域绿色循环发展建设提供工程支撑和技术思路。

一、协同发展目标和总体思路

区域协同发展是基于一种新的发展理念而形成的区域发展方式。"协同"是对传统区域协调发展路径的一种优化，需要对资源要素配置的方式、区域治理的组织方式、区域发展的思路进行全面的调整。对于环秦巴城市地区的协同发展而言，协同的目标是更好地实现其所承担的"建设美丽中国的生态功能、支撑中国区域经济的新增长极的经济功能和为本地居民创造更美好生活的社会功能"。但需要强调的是，环秦巴城市地区协同发展并不是构建一个经济组合体，而是要在国家区域发展总体布局中，推动环秦巴城市地区在更大空间范围内更高效、更科学地优化各类资源要素的布局，实现"更有效率、更加公平、更可持续"的高质量发展目标。

鉴于此，推动环秦巴城市地区协同发展的总体思路为：立足于国家区域协调发展战略的目标和总体要求，遵循新技术革命背景下资源要素空间流动的新趋势，以提高优势资源空间上的规模集聚效率和增强地区间一体化协同发展为总体导向，以地区功能分工和基础设施一体化为依托，以规划协同、产业协同和创新协同为着力点，以成渝城市群、郑州城市群、武汉都市圈、关中平原城市群四大城市群为核心，圈层带动相关区域板块的联动发展，加快环秦巴城市地区实现更高质量的跨越发展。

二、协同发展的路径设计——"五化"+"三协同"

（一）"五化"

实现环秦巴城市地区协同发展，其基本路径在于实现"五化"和规划、产业、创新等三个核心领域的协同。"五化"的主要内容如下。

一是政策协调机制化。加强国家层面的统筹设计，加快制订环秦巴城市地区协同发展的战略规划，构建一体化的分工合作协调机制，形成区域内经济、社会、生态环保等领域政策沟通和发展决策的常态化协调机制。建立四大城市群之间以及城市群与其他地区之间的一体化治理机制，充分发挥政府、企业、非政府组织和城乡居民在推动区域发展中的作用。

二是要素配置市场化。环秦巴城市地区涉及五省一市 34 个地级市，还包括一些民族自治地区，区域内部自然条件、产业基础、人口结构、发展水平等方面的差异非常大。因此，实现协同发展必须突破行政区划的壁垒，营造规范有序、一体化的市场环境，推动资金、技术、人才、信息等要素在不同地市之间、城乡之间自由流动和优化配置，降低要素流通成本，让市场在区域资源配置中能更好地发挥作用。

三是基础设施现代化。加快环秦巴城市地区基础设施的一体化发展，按照统筹规划、合理布局、适度超前、安全可靠的原则，在协同发展中完善开放的现代综合交通运输、清洁可靠的能源保障、人水和谐的水利工程、便捷高效的信息网络等基础设施体系，推进区域交通、能源、水利和信息基础设施现代化。

四是基本公共服务均等化。以实现环秦巴城市地区基本公共服务均等化为总体目标，深化财税、医疗、养老等相关领域的改革，逐步缩小区域内不同地区、城乡、群体之间基本公共服务的差距，实现教育、医疗卫生、保障性住房等公共服务资源的合理布局和均衡配置。

五是生态环境保护一体化。以区域生态的联防联控为突破口，建立环秦巴城市地区生态环境保护和污染治理的一体化协作机制，逐步实现环保规划编制、环境质量监测以及环保执法等的一体化。在大气污染治理、水资源保护、水环境治理、生态防护林建设、清洁能源使用等方面形成区域合作的新模式，构建推动绿色发展的体制机制环境（图6-2）。

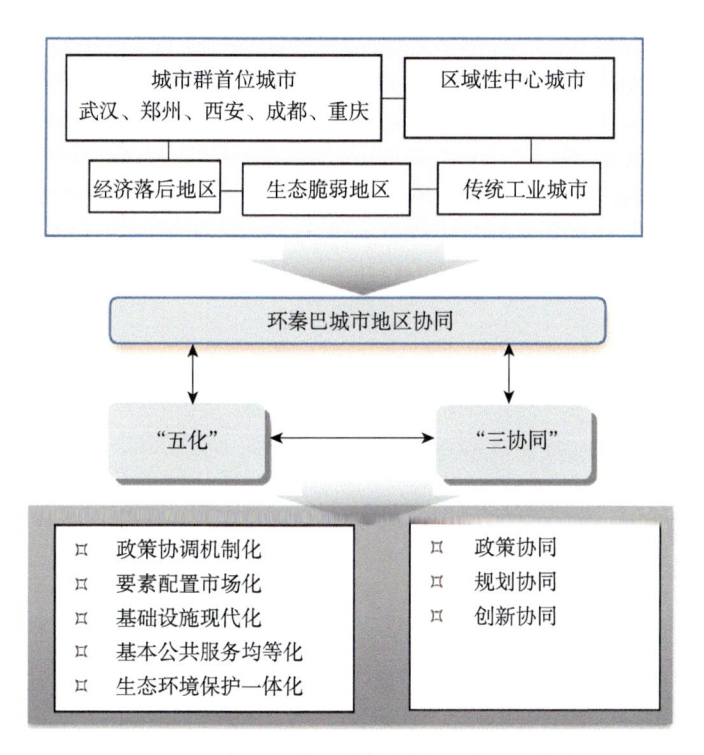

图6-2 秦巴山脉区域协同发展的路径分析

（二）"三协同"

"三协同"主要是指环秦巴城市地区协同发展的重点领域。

一是政策协同。这是实现协同发展的基本条件。每个地区都是相对独立的利益主体，都有不同的发展诉求。但每个地区的发展又不是孤立的，针对本地区的发展政策也会影响到其他地区的发展，反之也是如此。因此，在推动区域协同发展的过程中，必须要基于"协同"发展的一致性目标，加强地区之间的政策协同，包括各地区主导产业的发展政策、税收优惠政策、土地政策、环保政策、人才政策等。

二是规划协同。这是实现区域协同发展的基本保障。是否协同发展的一个基本判断标准就是各地区发展规划是否遵循共同目标的一体化规划。这是引导各地区的发展能够遵循协同发展总体目标的约束性机制。在推动环秦巴城市地区协同发展的过程中，要按照不同地区的功能定位和潜在优势，加强不同地区在经济社会发展规划、土地利用、公共服务设施等方面规划的协同，促进各类资源要素能够在整个区域空间范围内实现更优化的配置。

三是创新协同。这是实现环秦巴城市地区协同发展多重战略目标的关键，也是破解整个区域环境治理难题和发展困境的核心突破口。按照知识生产空间（主要指大学、研究机构聚集的地区）、创新应用空间（大企业、技术开发型企业聚集的地区）和创新转化应用的空间（研究机构、企业、资本、政府等多种主体参与推动创新应用转化的地区）三类创新空间，优化整个区域内各类创新资源的布局，加强各地区在创新链中的分工，以及国家和区域层面的统筹设计，促进创新资源向条件更优越、更具有优势的地区聚集，实现创新资源利用效率的最大化；加强区域内部不同地区之间的联系和创新成果的分享，促进区域创新能够惠及每一个地区的发展。

三、区域协同路径设计

（一）环秦巴城市地区的协同路径

加快推进环秦巴城市地区协同发展的顶层设计，制订实施该区域一体化协同发展的空间规划。根据协同发展的深度和各城市群与中心城市之间的要素关系，协同发展将经历以下三个阶段。

第一阶段：构建核心板块。

依托西安与成都、重庆的密切关系，联系关中平原城市群与成渝城市群，共同构成辐射整个大西部，有效支撑"一带一路"向西发展的枢纽增长极，平衡东西国土空间发展的"成渝西板块"。

第二阶段：轴向板块。

西部在"成渝西板块"的基础上，进一步加强西安与兰州的连接，形成"西兰板块"，突出二者在丝绸之路经济带中的重要作用，共同形成东西轴向的中国西向陆路的枢纽门户区；与此同时在东部强化郑州和武汉的连接，形成"郑武板块"强化中原城市群与长江中游城市群的互动联系，作为我国中部区域产业、人才、科技等向西部扩散的枢纽。

第三阶段：集群板块。

在核心板块和轴向板块的基础上，各中心城市与城市群之间进一步深化协同，构成三大集群板块。第一，通过郑州、西安、兰州东西轴向进一步延伸，连接中原城市群与关中平原城市群，形成东部要素向西传递辐射的快速通道区域；第二，"成渝西板块"进一步与兰州衔接，强化西向功能，成为平衡国土空间、强化"一带一路"多要素聚集的重要城市区域；第三，"成渝西板块"与"武郑板块"衔接，构成大西部区域增长极与中部城市集群协同发展的新格局。通过上述过程，逐步形成能够有效支撑秦巴山脉生态保护、周边城市地区在这一共同目标下协同发展的整体局面。

（二）秦巴山脉区域的内外联动三级传动机制

绿芯发展模型所要表达的核心状态是秦巴山脉区域的保护建设以及环秦巴城市地区对秦巴山脉的支撑作用。后者是解决秦巴山脉区域生态保护与经济落后矛盾的根本途径。因此，环秦巴城市地区在保持串珠状形态和满足新常态需求的前提下，应注重对山区城市化人口的承接和对山区城乡发展的辐射与带动作用，形成强大的核心城市功能优势。秦巴山脉区域城镇发展规模应该强化集约，同时与外围核心城市职能形成协同，结合原有三线建设基础，积极发展科技类精密型产业和绿色产业，并注重城市化人口的承接和服务业的发展。三级传动的具体路径如表 6-7 所示。

表 6-7 三级传动的特征及组成

项目	等级		
	一级城市区域	二级城市区域	三级城市区域
特征	包括环秦巴城市地区重要的大中城市	秦巴山脉区域近山的地级市	秦巴山脉及周边区县
城市	西安、成都、重庆、郑州、武汉、兰州、宝鸡、天水、绵阳、襄阳、南充、洛阳、宜昌	定西、陇南、三门峡、商洛、平顶山、十堰、陇南、安康、汉中、南阳、广元、巴中、达州	周至、蓝田、太白、眉县、凤县、潼关、华县[1]、洛南、丹凤、柞水、镇安、山阳、商南、南郑等
数量/个	13	13	88

1) 2015 年 10 月 13 日，撤销华县转为渭南市华州区

一级传动：近山和山内地级市充分参与到外围城市群的发展中。

一级传动具体是将陇南、商洛、平顶山、十堰、汉中、安康等近山的地级市纳入到由成都、重庆、西安、郑州、武汉、兰州等中西部发展的核心城市为引领的成渝城市群、关天城市群、武汉都市圈、关中平原城市群等城市集群之中。一级传动的关键职能是根据以上城市的生态前置条件、绿色循环产业构成以及资源特征，积极参与到各大城市群的分工合作之中，找准自身定位，分享中西部城市群快速发展带来的红利，用城市群整体的合力充分带动近山城市的产业转型、经

济发展和人才建设。

二级传动：组织建立绿色循环发展方式的主体。

二级传动是指参与到城市群发展的近山城市将承担秦巴山脉区域绿色循环发展的主体责任，通过分工协作的方式传导分解至周至、蓝田、太白、眉县、凤县、柞水、镇安、山阳、商南等山内区县的过程。也就是说，二级传动的关键职能就是组织建立绿色循环发展方式，涉及产业转型、城乡空间重构、生态保护与可持续发展的平衡等一系列工作，是"特色创新绿色发展示范区"的重要构成。

三级传动：内外要素双向流动的网络化支点。

三级传动是指周至、蓝田、太白、眉县、凤县、柞水、镇安、山阳、商南等山内外区县，是秦巴山脉生态保护相关要素与外围中心城市对秦巴山脉经济支撑相关要素双向流动的网络化支点。以生态农产品产业链为例，一方面，秦巴山脉产出的绿色农林产品通过这些区县的收集、管理、组织、外售，兑换其经济价值；另一方面，区县是最底层的信息源，直接面向全国庞大的消费市场，同时交通设施、信息网络技术等外围城市辐射要素将在这里汇聚。因此，区县的网络化支点的建设是秦巴山脉内外要素流动的关键。

四、制定秦巴山脉区域绿色循环发展协同机制

（一）制定"秦巴山脉区域产业结构调整指导目录"

建立和完善投资、财税、价格、信贷、土地、环保、就业等支持优势传统产业调整升级的政策体系。贯彻落实国家产业政策，定期发布产业导向布局指南；制定"秦巴山脉区域产业结构调整指导目录"，出台促进技术改造、企业兼并重组等政策措施，引导企业投资鼓励类项目，严格控制限制和淘汰类项目。用好国家化解产能过剩政策和资源枯竭型城市转型升级扶持政策，发挥支持优势传统产业调整升级的政策合力。

（二）完善秦巴山脉区域内外基础设施的连接

强化秦巴山脉区域及周边互联互通的现代交通、通信、旅游服务基础设施体系。在交通建设方面，注重快速交通（包括高铁、高速、通用航空）干线体系的完善与文化旅游慢行系统的搭建，形成国家干线体系领下的秦巴内部交通网络。加快秦巴外部大环线建设，构建各中心城市及主要功能单元间的快速交通体系。推进公共服务和大数据中心设施建设，促进文化旅游业的发展。同时，引导区内适龄劳动人口融入基础设施建设的施工、运营、养护和管理队伍之中，以就业逐步实现致富。

（三）推进服务秦巴绿色农林经济的金融机构体制机制建设

秦巴山脉区域在绿色农林经济转型方面要深化金融机构体制机制建设，形成多样化有助于生态农林产品发展的金融产品。鼓励证券、保险、担保、基金、期货等金融资源参与秦巴山脉区域农村与农业产业发展规划、项目与工程。探索发放农村土地经营权和农房抵押贷款。鼓励涉农金融机构深度参与农业产业链，加强农业生产环节、流通环节、加工及销售各链条环节的融资。积极发展林权抵押贷款，充分发挥政策性农业信贷担保机构的作用。围绕秦巴山脉区域产业、旅游、生态与基础设施建设等项目。建立完善的农业保险体系，扩大农业保险覆盖范围，实现农业自然灾害保险范围全覆盖。推进征信体系平台建设，建立跨机构、跨地区、跨行业、跨部门的信息共享、交换和交易机制，打破部门之间的信息闭塞，开展征信数据采集试点与数据库建设，为农村普惠金融服务奠定基础。

（四）构建秦巴山脉区域统一的智慧化流域协调发展管理平台

按照流域国土空间规划监测评估预警系统建设要求，依托各省市国土、规划平台，并应用大数据分析、人工智能等现代信息技术，构建空间数据模型，模拟复杂城市系统，感知城市体征，监测城市活动，预演建设效果，形成信息汇集、评估预警、仿真模拟和智慧决策的规划信息系统，建立秦巴山脉区域统一的智慧化的流域协同发展管理平台。

（五）消除政策性壁垒，为各类要素自由有序的流动创造有利的市场一体化环境

各地区应对现行政策及相关规定进行全面系统的梳理，包括工商管理、技术质量监督、商品检验、安全标准、行政事业性收费、审批权限和范围、市场准入等，进一步消除各种限制要素资源跨地区流动的政策壁垒，尽可能地统一有关审批标准和审批程序，消除差别化的审批制度，营造更加公平竞争的发展环境，降低企业在不同地区投资经营的成本，为人才、技术、产品等要素的流动创造更有利的一体化。

五、构建环秦巴城市地区创新协同机制

（一）建立环秦巴城市地区协同发展委员会，构建整个区域重大发展决策的协调机制

环秦巴城市地区应以区域内四大城市群为基础，设立非实体性的环秦巴城市地区协同发展委员会，在所涉及的34个城市之间建立联席协商机制。采取轮值制度，每年由一个省（市）作为轮值方，针对整个区域产业、招商、基础设施、环境、创新、金融、开放、能源、应急事件等不同领域的重要决策，以及各地的发

展政策和经济利益开展沟通协调，解决区域协同发展过程中存在的问题，确保一体化决策能够有力顺畅地落实。设立超越地方利益、相对独立或者层级较高的协调机构负责跨区域发展的协调已成为多数国家的优先选择，有利于在地区之间形成稳定、制度性的协同发展机制。

（二）优化环秦巴城市地区的产业分工格局，建立区域一体化的投资战略框架

按照区域和不同地区的功能定位和比较优势，采取多种形式优化区域内的产业布局，适当集中。利用大数据技术，加快推动建立环秦巴城市地区的"增长联盟"和"资源共享平台"，加强不同地区各类产业发展信息数据的公开、透明与共享，积极引导市场投资的预期和决策方向。按照区域总体的分工布局，利用财政税收、资金资助、人才等差异化的政策，引导要素向特定地区流动；以共建产业园为载体，采取"总部经济、异地生产、统一经营"的方式，优化不同地区的产业发展。利用新一代技术进步，按照功能分工的最优化，整合分散在不同地区的产业资源，推动产业链在不同空间按照效益最大化进行整体聚合，提高资源要素空间规模集聚效应。综合考虑区域内各相关地市的人口密度、经济发展水平，以及新技术条件下人口经济活动空间布局的总体趋势，明确交通、创新、教育、医疗等关键领域区域投资的差异化导向，进一步优化基础设施、产业发展、基本公共服务设施等领域的空间布局，为产业在不同地区的疏解和转移承接创造更适宜的条件。

（三）建立以装备制造创新增长极为目标的一系列协同机制

（1）面向区域行政的装备制造体制机制协同。借鉴国家对跨省域城市群的组织管理方式，建立"部委+各省份"或"国务院领导小组+部委+各省份"的纵向管理体制，同时建立横向上各省份间的联席会、议事协调机构以及府际协议等运行机制。

（2）面向区域产业协同的装备制造发展规划协同。大力推动区域内各省份装备制造产业的规划对接与布局优化，实质性推进区域装备制造产业的分工协作，形成区域范围的装备制造产业集聚网络。同时，以政府引导、市场主导的方式，推动现有各类装备制造产业联盟的合作，支撑区域层面装备制造产业联盟的构建。

（3）面向区域科技创新的装备制造平台协同。以区域内各省份已经建立并运行的装备制造类科技创新平台为基础，通过政府引导、市场主导的方式，实现各类科技创新平台在区域范围内进一步共建、共享、共用。

（4）面向区域资源配置的装备制造要素协同。以最具活力的人才、资本为着力点，以政府引导、市场主导为相应手段，分别推进区域内装备制造类科技人才、

产业基金的合理流动与科学配置，使人才与资本的价值得到最大化发挥。

（四）优化环秦巴城市地区基础设施的空间布局，推动以四大城市群为支点的簇轴式一体化发展

基础设施布局的优化应重点集中在以下方面：在现有交通主干网络基础上，以成渝城市群、武汉都市圈、郑州城市群、关中平原城市群四大城市集群为节点，构建簇轴式一体化布局，重点加强四大城市群与周边低线城市和农村地区的互联互通，重点解决区域内"断头路"问题。既要带动生态环境脆弱地区、生态保护区和经济欠发达地区的人口向承载力更强的发达地区流动，同时也要引导要素向具有较好发展条件和潜力的地区布局，改变目前单中心辐射型的交通路网体系，加强交通体系与生态廊道建设的协调一致。加强信息网络基础设施向欠发达地区的延伸，促进地区间知识、信息、技术等要素的有效流动，为欠发达地区利用信息技术，挖掘本地区特色资源优势，创新经济增长路径创造更有利的条件。按照区域内不同地区的功能定位和产业定位，加快物流、文化旅游、养老等优化布局，在维护区域生态安全的前提下，推动国家层面环秦巴山脉区域的步道体系规划建设，以及省市县不同层级交通的一体化规划，满足不同地区经济发展和生态建设对基础设施的差异化需求。

（五）建立地区之间发展成本分担和利益共享机制

重点集中在以下领域建立成本分担和利益共享机制：创新基础设施建设的筹资机制，基于区域内一体化的基础设施布局，积极探索建立依"能力"为出资原则的新机制。对于责任归属地方政府、收益边界超出行政管辖的基础设施，可由所涉及的行政区合作建设，依据"能力原则"，即将各地区人均财力水平作为出资比例，设立区域基础设施建设基金。统筹兼顾不同地区的合理诉求，在一定时期内适当向欠发达地区倾斜，在更高层面统筹区域内的税收收入，建立更加有效的利益平衡机制。结合环秦巴城市地区的功能定位和在生态环境建设中承担的主体功能，建立区域生态补偿机制，让那些承担着重要生态保护功能的地区能够共享经济发展的成果，为更长效地解决环秦巴山地区生态环境问题建立更加有效的激励机制。

（六）完善区域公共服务共建共享机制和相关配套政策

根据环秦巴山脉区域各地区经济发展水平和区域总体规划布局，对各地区人口规模、密度以及产业的功能分工和各类要素空间布局的总体趋势等进行系统科学的预测，以此为基准来优化区域内教育、医疗、住房等公共服务设施资源的空间布局，制定鼓励性政策引导构建跨行政区的集团化布局。利用信息化技术，加快推进不同地区就业、医疗等社会保障异地联网一体化，促进相对发达地区优质

公共服务资源在更大空间范围的共享，提高公共服务供给的效率和公平。推动环秦巴城市地区之间在从业资格、职称评定等各类标准的互认，逐步建立标准统一、资源共享的用工需求信息库和劳动力资源信息库，减少劳动力异地就业的各种壁垒，引导经济欠发达地区和生态脆弱地区的人口向发展条件更好的地区有序转移。利用数字技术加快完善各项社会保障关系跨区域转移接续的政策措施，推动环秦巴城市地区社会保障和基本公共服务的一体化建设。

第七章

政策措施建议

一、加大政策支撑力度

1. 将秦巴山脉核心山区腹地上升到国家生态安全要地和生态主体功能示范区的战略高度

进一步明确秦巴山脉核心山区腹地的重要生态地位，即作为国家生态安全要地和生态主体功能示范区的战略定位。通过设立示范区，树立新典范，探索新机制，最大限度降低秦巴山脉区域生态保护的行政门槛，为强有力地推行保护政策与措施提供保障。

2. 建立以国家公园为主体的秦巴山脉自然保护地管理体制

对秦巴山脉自然保护地分级管理权责进行划分，并建立统一、高效的秦巴山脉自然保护地管理体制，避免一地多名与交叉管理问题，明确机构单一保护管理职能，并促进多方参与管理模式的形成。建议将大熊猫国家公园陕西片区独立为秦岭国家公园，适当扩大其保护范围，同时需对现有的大熊猫国家公园体制试点范围进行调整。

3. 建立秦巴山脉区域跨区域协作政策机制

建立秦巴山脉区域协同管理联席会议制度、定期会商机制和学术交流平台。通过行政首长联席会议按照轮流主持的方式，研究决定区域协同重大事宜，审议重大合作项目目录，交流信息、消除矛盾、解决问题、共享成果，共同促进秦巴地区可持续发展。通过推进建立政府秘书长会商机制，督促落实行政首长联席会议决议，协调推进跨域合作项目，组织编制合作发展专题计划。通过"秦巴论坛"推动秦巴地区科学发展的学术交流平台，按照"联合主办、轮流承办"的方式，每两年举办一次，由中国工程院和五省一市人民政府联合主办，五省一市轮流承办，邀请国内外专家学者、智库机构和著名企业参加。逐步提升"秦巴论坛"影响力和学术交流水平，结合相关中欧合作对话平台，形成稳定的论坛机制与地址，使之成长为以中国秦岭和欧洲阿尔卑斯山为标志、以中欧合作对话为主的国际性绿色发展交流平台。

4. 建立主体功能区划管理机构

国家层面，可以由相关部委牵头，建立一个由多部委协同配合的秦巴山脉区域协调委员会，对秦巴山脉区域的整体发展进行宏观调控。秦巴山脉区域层面，设立秦巴协同发展领导小组，负责制订秦巴山脉区域总体国土空间规划等，推动实施重大规划和重大政策，协调解决跨地区、跨部门重大事项，对中央区域协调委员会的宏观指导和决策部署进行层层分级落实，并加强对规划实施情况的跟踪分析和督促检查。城市层面，可以通过定期召开联席会议等形式，协调34个城市的发展。

5. 编制秦巴山脉区域国土空间规划

建立统一的国土空间规划体系是生态文明体制改革的重要环节，是新时期自然资源和规划的重要改革工作。秦巴山脉腹地涉及土地面积约31万平方公里，山水生态资源丰富，农地、农村、城镇等国土空间要素多样而典型，能够作为新时期区域级国土空间规划的示范建设区。

秦巴山脉区域国土空间规划作为区域层面的国土空间规划，应将全国与省级土地利用总体规划、城镇体系规划和主体功能区规划的内容进行统筹协调，规划编制突出战略性和协调性，在落实国家战略要求的基础上，确定区域目标定位和指标体系，提出全域空间发展战略，以实现对区域内各省、市、县等地区次一级国土规划编制的指导。规划应合理统筹"山水林田湖草"系统治理，有效促进区域协同、陆水统筹、城乡融合、产城一体、人地协调，综合平衡保护与开发、上游与下游、地上与地下、资源与资产等关系，避免国土空间碎片化治理。

6. 出台系列绿色产业政策

贯彻落实国家产业政策，定期发布区域产业发展导向指南。制定"秦巴山脉区域产业结构调整指导目录"，出台促进技术改造、企业兼并重组等政策措施，引导企业投资鼓励类项目，严格控制限制淘汰类项目。加强税收政策支持，拓展投融资渠道，加强人才和智力支撑。顺应绿色发展态势，采取各种创新举措，加强秦巴地区国家可持续发展实验区建设，共同制定"秦巴绿色产业发展指导目录"，重点发展高新技术产业、旅游与环境服务业、中医药与健康产业、绿色食品加工产业、现代绿色特色农林业等。跨区域设置秦巴绿色生态产业扶植发展基金，支持绿色产业发展。

二、完善相关制度建设

1. 建立优秀人才培养引进制度

着力建立多层次的人才培养引进制度，为秦巴山脉区域多方位发展提供人力资本支持。一方面，制定优秀人才奖励制度，通过优惠政策吸引和鼓励人才参与秦巴山脉区域的保护与发展。另一方面，可以着力调整该区域内部的高等职业院校培养方向，深化各类高层次人才的体制改革，提升该区域自有人才的匹配能力，通过学徒制和实习等方式，鼓励高职院校学生到该区域了解发展情况，建立长效的就业计划。

2. 深化水权制度与水价体制改革

完善初始水权确权及分配机制，建立多种类型的水权交易平台，规范水权交易价格形成机制。强化市场在水权交易价格形成中的决定性作用，水行政主管部门、水权交易平台等机构应超前探索水权交易价格形成过程中的竞价机制，使价格真实反映出让方和受让方的支付意愿。规范水权交易市场。一是扩大水权交易市场范围，二是细化水权交易市场的规定，三是科学设定水资源总量控制目标。针对农业用水，建议逐步将农业灌溉初始水权分配到灌区、地块，确权颁证到户，实行农业灌溉用水总量控制和定额管理，同时健全灌溉用水定额定期修订制度。

加快建立完善城镇居民用水阶梯价格制度。结合当地实际情况，合理确定阶梯水量、分档水价、计价周期。加快城镇"一户一表"改造工作，为全面推行居民用水阶梯价格制度奠定基础。合理提高污水处理收费标准。深化农业水价综合改革。按照乡村振兴战略及国家节水行动方案要求，加快农田水利基础设施建设，大力推进灌溉用水计量设施建设。建立健全农业水价形成机制，实行农业用水定额管理，逐渐实行超定额累进加价制度，在终端用水环节探索实行分类水价。

3. 构建区域合作利益分配机制

利益共享是民生发展的重要基础，应坚持"共建共享"原则，使流域开发成果在全流域范围内实现平衡。具体体现在构建地区间的税收分享、生态补偿机制两个方面。

在税收分享方面，各流域可以通过政府合作的方式，共同出资建立协同发展基金。对跨省市合作项目带来的新增增值税、所得税等地方留成部分，可按一定比例投入协同发展基金，重点用于支持欠发达地区的发展和生态环境建设。建立区域税收征管合作机制和税收收入区域归属争议协商解决机制，加强跨区域税收利益分配的协调。

在生态补偿方面，设立区域生态补偿专项基金，由中央财政、各省、主要城市按一定比例出资，并按出资比例组建基金理事会，建立符合环境规律和经济规律的基金运营规则，用于补偿区域水资源使用权损失、生态林业用地使用权损失、限制传统工业发展权益损失、高耗水农业发展权益损失、提高地表水环境质量标准地方经济损失、提高生态功能区域标准地方经济损失，以及生态工程管护费用和自然保护区管护费用等。

4. 建立基于土地权属的生态产品市场交易机制

土地是社会经济发展的载体，是农牧民生活的生计，也是生态产品生产的场所。土地具有明确的产权归属，可以为公共性生态产品的产权确定提供依据。建立起土地类型、质量与生态产品生产之间的关系，就为生态产品形成了交易的载体，有利于各级领导干部和广大人民群众理解认识生态产品，有利于促进生态产品向经济产品转化。

5. 完善农村基础设施建设制度

一是对点多面广、依靠财政补助的农村人居环境整治、农林水利项目，可通过要受益对象投劳折资建设。二是推进农村基础设施建设项目股权化改革试点。在秦巴山脉区域坡耕地水土流失治理、农村产业融合发展等农村基础设施建设领域开展股权化改革试点，构建项目建设与新型产业经营主体、农村集体经济组织及成员更加紧密的利益联结机制，提高财政资金投资效益，促进农民增收。三是根据项目实际情况采取分类建设管理模式，确保农村基础设施建设项目建得好、用得着，充分发挥项目投资效益。

三、建立健全考核机制

1. 制定协同发展的考核体系

采用"区域考核评价"的方式，即围绕区域协同发展的需要，从区域在国家经济社会发展中的贡献、区域协同发展的质量和效益、各地在区域协同发展中做出的努力、各省市经济社会发展状况四方面进行区域性综合考核，落实过剩产能淘汰、节能降耗、帮扶联动、生态和环境保护、社会管理创新等与协同创新目标相一致的考核指标，创新和完善各级政府的考核和评价体系。

2. 建立智慧设施考核机制

创新和完善智慧设施考核机制，主要是协调各部门、各行业的工作，加大对智慧基建与运营的重视，创新城市管理理念。

研究建立智慧设施评估指标体系。借鉴国内外研究机构已发布的智慧城市和智慧设施指标体系，从秦巴山脉区域自身情况出发，按照指标的可采集性、代表性和可比性原则，体现"以人为本"的指导思想，科学制定"秦巴山脉区域智慧设施建设评价指标体系"，定期对智慧设施建设进行评估与反馈。

3. 建立战略性新兴及高成长绿色产业评价机制

由于战略性新兴及高成长绿色产业培育需要关注和考虑成本问题，因此要合理评价培育成本的投入和产出，不断明确培育方向，合理选择培育方式，稳步推进培育过程，保证培育目标实现。